KB272260

생활공부와
현명한 관념론의 길

장숙강 시리즈 03

생활공부와
현명한 관념론의 길

김영민 지음

글항아리

　세 번째 강연집에서도 주된 관심인 공부(론)은 이어지고 있습니다. 삶을 (재)구성하고 견인하는 공부가 실천과 코(매듭)를 나누면서 진행되고, 지식과 실천이 행지行知의 변증법적 원환 관계를 이루며, 그 모든 공부가 자기 개입에 대한 내성적 분석과 자기 지시적 책임에 의해 필경 공부론의 뼈대를 지니게 되기 때문입니다. 개인은 스스로 무엇을 향向해 살고 있는 존재인지를 물으면서 주체를 꾸려가는데, 나는 오직 공부길의 먼 소실점과 그 가능성에 뜻을 두고 걸어왔기에 내 생활양식이 곧 공부가 되는 지점들이야말로 나의 가장 절실한 현실이지요. 이번 강의록에서는 이런 뜻을 살펴 내 일상의 단면을 드러내고 생활의 반복이 어떻게 공부의 자리에 오를 수 있는지에 구체적으로 주목합니다.

　공부의 일상성과 실용성에 견결하게 착근하면서, 군말이 곁말을 좇아 불꽃놀이처럼 터져오르는 최신 수입 담론들의 갖은 변덕과 소외를 차분히 내려다볼 수 있는 자리를 얻습니다. 그것은 내 생활 속에서 가능한 이론들의 쓸모를 길게 고민하는 가운데 얻은 마음의 경계이기도 합니다. 그러나 일상은 초상超常으로 이어지고, 실용은 정신의 미래적 가능성에 등을 돌리지 않습니다. 이로써 '모든 것은 인간사'라는 전제 위에서 조성되는 공부의 새로운 통전성通全性은 바로 여기서 '현명한 관념론의 길'을 냅니다.

　낮은 중심을 얻은 공부는 생활로 퍼져나가, 공부생활이 생활공부가 됩니다. 사회적 경쟁을 위한 꾀바른 암기暗記/暗技에서 벗어나 이 공부는 생활로, 인격으로, 관계로, 그리고 존재로 나아갑니다. 이로써 어느새 자기 구제의 힘으로 작동하기 시작합니다. 특정한 시냅스의 부분적 활성도가 아니라 정신 그 자체의 진화에 조응하는 마음의 경계를 바꿔가는 이 공부는 이미 그 작동과 효과에서 유물론과 유심론의 구별을 해소합니다. 바로 여기서 '현명한 관념론의 길'을 이해하고 훈련할 수 있습니다. 이 공부길은 쉼 없이 이어집니다. 다만 새로운 마음의 경계가 이끄는 소식을 따라서, 반걸음씩 쉬지 않고躄步不休!

　　　　　생활공부와 현명한 관념론의 길

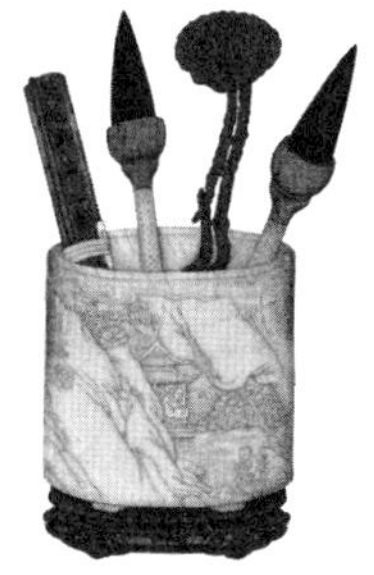

차
례

『동무론』,
혹은 공부와 연대가
겹치는 지혜에 관해서

이번 강의에서는 『동무론』의 복간(글항아리, 2025)을 기념해 그 내용을 소략하게 추려 소개하고자 합니다. 하지만 책의 전체 얼개나 내용을 요연하게 간추린 것은 아니고, 마치 '문체에서 그 사람을 알아보고 스타일을 통해 그 이력을 엿보듯' 내 관심에 든 몇 개의 문장을 비스듬히 열어나가면서 책의 대의大義에 다각도로 접근하고자 하는 시도입니다. 매우 민망스러운 자평이지만, '인문연대의 미래형식'이라는 부제처럼 이 책은 아직 그 사용 방식이 널리 알려지지 않은, 오래된 미래에서 온 신제품인 셈인데, 여러 이유로 필요한 만큼 충분히 선용되지 못한 채 절판을 거듭하다가 다시 새로운 독자들을 맞게 되었습니다. 새삼 다행스레 여기는 것은, 그간 이 책이 겪은 이력이 한국 사회의 교양과 지성을 일부나마 반면교사적으로 잘 드러낼 수 있었다는 사실입니다.

동무는 생각과 애증에 즐겨 되먹히는 시시한 자아에서 독립하려는 주체의 재구성 시도이기도 합니다. 그 독립은 새로운 무의식의 지형을 바꾸는 생활양식에 의해 뒷받침되고, 그 생활의 무게가 어울려 만들어가는 관계는 이윽고 신뢰를 얻어, 무시무주無時無住의 공부길은 창의적 불화의 현장이 됩니다. 이로써 어긋내고-어울려서-어리눅어가는 생산적 불화의 길이 생깁니다. 동무론은 남다른 생활양식의 바탕 위에서만 가능해진 공부와 연대의 상의상보성相依相補性을 일컫는 말이며, 더불어 '빈자리의 급진성'을 실험하는 삶의 주체를 누림의 실상으로 제시합니다.

  1강 『동무론』, 혹은 공부와 연대가 겹치는 지혜에 관해서

A ＿＿＿ "세속은 호의가 그로테스크하게, 코믹하게, 때로는 참석惨惜하게 신뢰의 문 앞에서 자빠지는 꼴 속에서 그 화색禍色을 드러냅니다."(『동무론』)

1. 우리는 세속과 함께 세속을 어질게-유익하게(되고-돕고) 건너고자 합니다. 고래의 모든 지혜가 어지럽게 조각난 터에 신자信者나 주의자主義者가 될 길은 없어, 오직 그 쓸모*에 기반해서 여러 선학, 선각의 공부길을 참조하고 원용합니다. 그래서 사람의 마을을 슬기롭게 지나고 이웃을 돕는 시성市聖, いちひじり을 이상으로 칩니다. 생활은 죄다 응하기이고, 그 생활의 주체인 학인의 실력도 오직 응하기 속에 있으므로** 늘 사람의 마을 속에서 사린四隣을 잘 응대하고 조금 더 나은 이가 되고자

---

* '쓸모'를 찾으려는 것은 이른바 '근본실용주의'적 관심에 터한다. 이는 생활사에 아무 영향을 미치지 못하는 현학玄學이나 잡기를 지양하고 위기지학爲己之學, 앞가림의 공부, 혹은 구제지학救濟之學을 지향하는 공부길에서 요긴한 꾀가 된다.

** 개인의 응하기를 변화의 근본 단위로 놓는 것은 이미 낡은 부르주아 사회 철학의 배치 오류fallacy of misplacement 라고도 볼 수 있겠다. 그러나 이러한 결정은, 그 누구든 자신의 함량과 능력과 시급성을 좇아 실천의 요령을 구성해야만 하고, 필경은 옳은 게正 아니라 적절한 것適을 따르는 게 인생사의 지혜를 구체화하는 일이라는 깨달음에 터하고 있다. 물론 개인의 의도나 행위action, 혹은 응하기나 상호작용 대신 소통communication이나 체계system 를 사회적 분석의 단위로 놓는 것은 마르크스주의 이후 진보적 지식인들의 지적 유행이 되었고, 철학적·인문학적 개인주의의 결함을 보완하는 데 크게 이바지한 바 있다. 다음 책을 참고할 것. Niklas Luhmann, *Introduction to Systems Theory*(New York: Polity Press, 2013).

　생활공부와 현명한 관념론의 길

합니다.

2. 세속의 한 면모를 호의와 호감으로 표상했지요. 세속은 일껏 호의에 도달한다는 뜻입니다. 사람들은 호의와 호감을 무슨 성취인 양 선물인 양 생각('공부'가 아닌 바로 그 '생각'으로)하지만, 나는 '아직 아무것도 아닌 것'으로 취급합니다. 실로 세속은 호의와 호감으로 포장된 어긋남, 혹은 절망에 가깝지요. '멀리서 보면 희극이지만 가까이서 보면 비극'이라고들 했으나, 지금은 (인문주의적 시각에서) 어디에서 보든 비극 같기도 합니다. 작은 관심*이 그 모든 정신의 출발이라고 했듯, 호의와 호감은 (공부와 연대의 높이에서 보자면) 아직은 아무것도 아닌, 세속의 평지에 불과합니다. 동무 연대의 이상은 신뢰인데, 신뢰는 그 내용이 없이** 생겨나는(그러므로 '존재론'적인) 반현실적 규제 이념이고, 정감이나 이념, 가치나 신용 등으로 구성된 세속에서는 찾아보기 어렵습니다.

* 사물의 요소가 되는 각종 미립자, 혹은 생명체의 분자적 단위처럼, (작은) 관심의 지속은 정신계에서 길을 내고 집을 짓는 토대가 된다. 이것은 정신의 능동성에 기인한바, '부르면 온다'는 명제로 압축할 수 있는 일종의 객관적 관념론의 출발점이다.

** 내가 조형하는 신뢰의 개념에는 세 가지가 없다고 할 수 있다. 내용이 없는 것 외에 '미래'도 없고 '경계'도 없다. 미래 없음은 신뢰의 관계가 과거의 이력에 의해 완성되거나 고정되지 않고 부단히 형성되어야 한다는 뜻이며, 경계 없음이란 신뢰가 다만 사람들 사이의 관계에만 국한되지 않고 내가 윤리학적 범주로 설정한 사린 전체에 이른다는 말이다.

　　　　　　1강 『동무론』, 혹은 공부와 연대가 겹치는 지혜에 관해서

B_____ "동무들 사이에서 조형해야 할 연대의 길에서는 개인들 사이의 이해와 합의만이 능사가 아니다. 나는 작은 공동체를 구성하고 유지하는 이런저런 과정에서 이해와 합의, 자유와 평등에 기민한 이들이 결국 이기주의적 소비자일 뿐이라는 사실을 절절하게 깨달은 바 있다."(『동무론』)

3. 흔히 '이기주의는 미로迷路'(오르테가 이 가세트)가 됩니다. 어울림의 가능성은 각자가 각자와 현명하게 '겹치는' 자리에서 생깁니다. 그러나 이기주의의 에고는 원자처럼 굴러다니면서 스스로의 완악과 애착 속에서 어울림의 자리를 미로로 만들지요. 숱하게 언질했듯이, 평등은 제도의 규정일 뿐이고 자유는 오직 실력이 불러오는 겸허(빔) 속에서만 가능한 마음의 경계입니다. 연대 속의 어울림에서는 오직 현복지(현명한 복종과 지배)를 주문했을 따름입니다. "작은 방을 청소해도 앞서고 뒤서는 자가 있으며, 차茶 한잔을 나누어도 팽주가 생기는 법"이고, 심지어 둘이 뽀뽀를 해도 공동의 노동에 따른 현명한 개입이 필수적이지요.

4. 맹자는 과화존신過化存神을 말하지요. 군자가 지나가는 장소는 교화가 이루어지고, 성인이 마음을 두는 곳은 그 덕화가 신묘하다는 뜻으로 새깁니다. 우리가 이상으로 삼는바, 공부와 연대가 겹치면서 생성되는 장소의 모습이라고 해도 좋습니다. 이

     생활공부와 현명한 관념론의 길

를 '장소화의 노동'이라고 부릅니다. 장소는 동무들의 어울림이 온축되며, 다른 생활양식에 근간을 둔 공부의 이력이 무젖어 있고, 자본제적 기능과 속도 그리고 그 현혹연관Verblendungszusammenhang(아도르노)에 창의적으로 저항하는 아지트이기도 합니다. 특별히 사회적 약자들의 공부길에서는 이 어울림의 장소를 십분 활용할 필요가 있습니다. 이런 아지트에서는 특히 꾀權/術/計가 생성되고 융통되어야 합니다.

C＿＿＿＿ "그러므로 칸트가 요청이라는 규제적 장치를 고안함으로써 이론이성[지식]의 고집을 유예한 곳에 열어놓은 실천과 희망의 문턱에, 나는 약속이라는 수행성을 통해 실천적 자아를 결절시키려고 한다. [⋯] 요컨대 행방行方은 그렇게 가능해지는 것이다."[『동무론』]

5. 주체화의 과정은 스스로 체득하고 인정하는 자발적 복종의 그늘 속을 통과하는 길입니다. '묶어야 열린다'는 말은 공부론의 정곡을 찌르는 조언으로서 이는 주체화의 길이기도 합니다. 복종의 문턱과 겸허의 존재론을 잘 새기지 못하면 모든 공부는 기능에 머물고 연대는 권력투쟁으로 환원됩니다. 실은 바로 이 주체화에 대한 오해와 오용 탓에 인식과 사회적 실천이 오히려 새로운 불화와 덫을 낳기도 합니다. 학인들의 주체화는 정치적

해방 및 사회적 평등과 관련되면서도 다른 한편 이와는 묘하게, 근본적으로 어긋나는 차원을 갖습니다. 그것은 사회적 실천만이 아니라 학인 개인의 실력이나 수행修行과 깊이 관련되는데, 비유하자면 지식이나 실천이 마음의 '지형'을 다르게 그리면서 사회적 주체화에 이바지하는 반면, 인격이나 수행은 마음 그 자체의 '경계'를 바꾸는 식으로 주체의 존재론적 재편성을 돕습니다. 문화文禍와 지랄知剌을 말하기도 했지만, 인식이 새로운 불화의 덫이 된다고 한 지적은, 마음의 경계를 에고라는 붙박이로 고착시키고 있는 이상 아무리 마음 내부의 지형을 조금씩 변형시키더라도 '자신을 구제하고 남을 돕는 공부'에는 이를 수 없기 때문입니다.

6. 약속이라는 틀은 (1)한나 아렌트의 지적처럼 미래의 불투명한 상호작용을 안정화하는 요식이기도 하지만, (2)동무 연대의 가장 중요한 미덕인 신뢰로 나아가는 출발점이고, (3)스스로 자신을 묶어 만들어내는 자기 명령의 세계가 곧 공부길이므로 바로 이 공부길의 터를 달구질로 다지고 초석礎石을 놓는 노동입니다. 세속이 변덕과 기분과 소비 욕망과 환상적 쏠림으로 몰밀려갈 때 학인은 동무·동학들의 외재적·비평적 틀('비평의 숲')과 스스로가 자기 배려의 애씀으로 입안한 약속의 틀로써 알뜰하고 단단하게 자기 앞가림을 합니다. 물론 이 틀들은 이미 그가 택한 새로운 생활양식에 의해 동력을 얻고 있습니다.

*D*_____ "자본주의가 이동이면서 동시에 '교환'이라면, 산책의 탈자본주의적 창의성은 무엇보다 너와 나 사이의 관계를 자본제적 교환의 바깥으로 외출하도록 돕는 데 있다. 구름과 바람, 소리쟁이와 기생초, 다슬기와 꺽지, 금강송 너머의 황혼 등은 단지 완상의 대상이거나 레저의 환경만이 아니다. 그것은 단번에, 그리고 총체적으로 우리 삶의 원형적 모습이 등가적 교환의 외부에 기대고 있다는 사실을 일깨운다. 산책, 그것은 아직 아무것도 아니지만 우선 자본제적 체계와 생산적으로 불화하는 삶이다."(『동무론』)

7. 상호작용이 실질적인 삶의 전부라면 응하기는 공부가 결실을 맺는 자리입니다. 성인들은, 선생들은 대개 응하기의 귀재였습니다.* 그중에서도 교환은 상호작용의 중요한 갈래로서 그 방식에 의해 연대의 성격과 지향이 잘 드러납니다. 그렇다고 우리가 자본제적 교환을 거부하는 것은 아닙니다. '세속과 함께 세속을 어질게, 유익하게 건넌다'고 했으니, 우리가 추구하는 인문공동체적 연대는 무슨 혁명을 꾸리거나, 체계의 논리를 전면적으로 거부하자는 게 아닙니다. 그저 잘 살고자 하는 공부

---

* 그들은 글쓰기의 적극성이 갖는 인위적 일방성과 그 내적·정합적 체계성이 얹혀 있는 오해를 피하고자 했다. 다만 말과 행위를 통해 이웃의 관심에 적실히 응했고, 이로써 그 계기와 사건에 맺힌 진실을 드러냈다. 말하자면 나는 '먼저' 글을 쓰는 우스꽝스러운 죄(책을 쓰는 죄)를 범해오고 있지만, 최소한 강의, 대화 중에서는 '먼저'(남이 묻지 않는데도 불구하고) 말하는 대신 애써 경청하려고 하며, 오직 남의 말에 응해서만 말해 해명하고 돕고자 노력해왔다.

   1강 『동무론』, 혹은 공부와 연대가 겹치는 지혜에 관해서

길일 뿐이며 그런 까닭에 필연적으로 기성의 체제를 거스르게 될 뿐입니다. 나는 이것을 '어긋내고, 어울리며, 어리눅다'라는 표어로 집약하곤 했습니다. 혹은 '산책'이라는 상징어로 말하면서, 자본제적 삶의 흐름을 어긋내는 각자의 실력과 생활양식을 길러, 다만 불화와 소외에 이르는 것이 아니라 생산적 창의성으로 자신의 공부와 삶을 증명하려는 것이지요. 이는 결국 위기지학의 전통을 알차게 계승하면서 제 앞가림을 하는 소박한 공부입니다. (물론 그 앞가림의 빛이 이웃에게 조금이라도 전해진다는 희망이 공부의 세 번째 이념인 '돕기'*입니다.)

E_____ "자아의 지옥, 인식의 감옥, 변증법의 고리에서 어떻게 나아갈 수 있는가?(레비나스, 블랑쇼) 혹은 개념적 사유의 내재화에서 벗어나는 길은 무엇인가?(아도르노) 내 몸은 어떻게 내 문제에 앞설 수 있는가?(파스칼, 부르디외) 목숨을 건 도약의 삶과 그 관계를 어떻게 일상화할 수 있는가?(키르케고르, 고진) 성숙의 대가는 무엇인가? 내 거울방, 그 상상적 동일시의 중력에서 벗어날 때 얻는 상은은 어떻게 남아 있는가?(프로이트, 라캉) 사랑하면서 어리석지 않을 수 있는가?(베이컨, 바르트) 사랑하지 않고 아낄 수 있고, 진리를 모

* '돕기'의 중요한 요령 한 가지는 '애써 도우려고 하지 마라'에 있다. 우선 도움이 제 깜냥을 넘어 집착에 이르지 않도록 경계하는 일이고, 또한 돕기는 되기의 여력餘力에 의한 자연스러운 행위가 되어야 하기 때문이다.

    생활공부와 현명한 관념론의 길

른 체하며 극진할 수 있는가? 새로운 성/사랑의 문화를 정치적으로 재배치하려는 노력은 어떻게 가능한가? 마찬가지로 노동-체계의 금기와 사랑-축제의 위반을 조화시키는 삶의 양식은 어떻게 가능해지는가?(라이히, 바타유, 마르쿠제) 연인도 친구도 타인도 아닌 동무의 길, 길 없는 그 길은 어떻게 발생하고 어떻게 유지되는가."(『동무론』)

8. 실력이 이웃·타자·사린四隣에 대한 응하기라면, 잘 응하는 일은 우선 에고의 늪에서 몸을 끄-을-고 나오는 적절한 습관을 기르는 게 우선이지요. 에고로부터의 외출은 이미 증상적으로만 존재하는 인간으로서는 거의 불가능해 보이지만, 이 외출을 통해서만 자아의 진실을 대면한다는 학술과 수행의 이념에 근접할 수 있기에 극히 중요한 과업이며 또한 공부길의 실효를 위한다면 나날이 관심을 모아 애써볼 만한 일입니다. 어울림과 응하기의 지혜 및 꾀가 자라나는 것은 이 과제를 통과하는 과정과 겹칩니다. (우리는 늘 '겹침'에 유의해야 합니다. 이곳에서 창의성과 사건, 새로운 도약과 초월이 생겨납니다.) 공부의 실효를 진득이 내려앉히는 길은 결국 에고의 바깥으로 나와 이웃들과 '공동의 노동' 속에서 어울리며 적절히 응하는 능력과 버릇을 얻는 것인데, 이는 자신의 새로운 생활양식을 지속 가능하게 묶고 벼리고 키우는 이른바 '연극적 실천'을 통해 가능해집니다. 이것이 일상의 작은 싸움들에서 꾀 있게 이기고 인생의 큰 싸움

  1강 『동무론』, 혹은 공부와 연대가 겹치는 지혜에 관해서

에서는 꿰 없이 지는 길, 지기추상대인춘풍持己秋霜待人春風의 길,
제 앞가림의 공부 혹은 위기지학의 길인데, 내가 말해온 무능의
급진성은 이러한 성격의 애씀을 재서술합니다.

*F*____ "그러나 인문-종교-예술은 그 무능의 텅 빈 중심 속에서
미래의 급진적 가능성을 배태하는 존재론을 고집해야 한다. 그것
은 늘 소수의 것이고 미래의 것이며 끝내 이룰 수 없는 것이자 지
는 자들의 것이다. 아도르노는, 상처받은 망명자의 신고辛苦를 씹으
며 '패자의 위치에 떨어진 자로서 개인은 다시금 진리의 파수꾼이
된다'(「미니마 모랄리아」)고 했던가? 그러나 한층 더 근본적으로 말
해야 한다. 인문-종교-예술은 워낙 더 떨어질 곳이 없는 자리에서
운신하며, 그 낮은 빈자리를 급진화시키는 방식을 통해서만 자신의
의미와 가치를 (미래완료적으로) 증명한다."(「동무론」)

9. 나는 근년에 들어 이런 과제에 관한 한 예술에 품은 기대를
접었습니다. 종교도 거의 마찬가지라고 해야 합니다.* 그만큼
외부를 향한 연대의 의지는 줄었고 내 관심은 작은 장소와 규
모로 집중되고 있지요. 내가 위기지학을 강조하거나 심지어 후
배들에게 '제 앞가림의 공부'를 주문하는 이유도 넓게는 그 배
경을 나누고 있습니다. 대신 나는 예술과 종교를, 공부하며 다
르게 살려고 애쓰는 학인 개개인의 생활세계 속으로 미학화하

　　　　　　　　　　　　　　생활공부와 현명한 관념론의 길

거나 혹은 존재신비론적 체험** 속으로 수렴·통합할 수 있도록

* 이 주장은 근본적으로 예술가와 종교인들이 말을 대하는 방식과 관련된다. 예술가들은 말로써 작업하는 게 아니고, 종교인들은 말을 자유롭게 풀어놓지 않는다. 정도의 차이를 보이긴 해도 종교나 예술은 이미지像를 중심화하는 세계인 반면, 인문학은 말의 산종散種, dissémination과 자유로운 교환에 의해 탈중심화하는 법이다. 예술과 종교는 실존적, 혹은 문화적 '구제'의 아우라를 풍기면서 그 내면세계의 실상에 대한 언어적 소통과 비평에 게으르지만 인문학은 워낙 성찰과 자기 이해를 논의의 시발점으로 삼고, 인간 정신의 표현적 정화精華랄 수 있는 말을 통해서 자유를 확장하며 진실에 박진한다. 게다가 인간의 의식은 워낙 '언어적 의식'(제럴드 에덜먼)이며, 언어(성)이란 포퍼가 분류한바 3세계(물리적·심리적·이념적 세계)에 널리 걸쳐 있으므로, 인간의 자기계발과 성숙 및 변화는 원리상 언어와 함께하면서 언어를 통한/의한 행정이 가장 일반적이다. 그러므로 자유롭고 성찰적이며 비평적인 대화의 가능성을 전문성의 일부로서 용인하지 못하는 활동 영역은 결국 '정신은 자란다'라는 공부의 이념에 어긋나거나 역행하게 된다.

** '존재신비론적 체험'의 취지에 의하면, 인간은 무엇보다 정신적 존재이며, 또 정신은 지향성과 능동적 개입을 특징으로 하고, 이로써 유물론과 관념론의 대립을 불식시키면서 발견과 발명의 분별 자체가 희미해지는 자리까지 생기는데, 이는 일반적으로 이른바 '깨침enlightenment, 悟り'이라 부르는 현상들에서 특유하게 드러나는 불이不二의 체험과 합치한다. 인간의 정신을 매개로 안팎이 섞여드는 불이의 체험에 관한 (준)과학적 연구의 길은 현대 과학의 통섭적 경향과 더불어 점점 넓어지고 있지만 특히 라이얼 왓슨의 독특한 성과를 주목할 만하다. "생명은 그렇게 깨끗이 정돈되어 있지 않다. 내 판단에는 내면적 자아와 외면적 세계가 서로 얽혀 있는 방식에 관해서는 아직 모르고 있는 게 많다." Lyall Watosn, *Beyond Supernature: A New Natural History of the Supernatural*(New York: Bantam Books, 1987), p. 188. 한 가지만 첨언하자면, 존재신비론적 체험이 결국 정신의 능동적 개입과 관련된다면 이는 내가 말해온 '알면서 모른 체하기'와 겹친다. 김영민, 『그림자 없이 빛을 보다』, 글항아리, 2023. 이 책을 통해 소상히 논급하기도 했지만, 이러한 체험에는 개인의 기질과 재능이 깊이 관여하는데, 항용 불이의 체험에서 사회적 도덕성의 너머Jenseits von Gut und Böse를 엿볼 수 있는 이유가 바로 여기에 있다. 그런 까닭에 육조 혜능慧能의 말에, '불성은 선도 불선도 아니기에 불이가 되는 것佛性非善非不善是故爲不二'이라고 했다.

　　　　1강 『동무론』, 혹은 공부와 연대가 겹치는 지혜에 관해서

이 기획을 차츰 변침하고 있습니다. 정치나 사회운동에 관한 올바른 해답을 제시하기보다 작은 공부 공동체를 오가는 후학들에게 삶의 안팎과 전후를 제대로 인식하고 이를 토대로 자기 구제*에 걸맞은 생활양식을 조형하도록 돕고자 할 뿐입니다.

10. '빈자리를 급진화'하려는 내 과거의 기획은 『동무론』 시대의 것이었습니다. 혹자는 『동무론』(2008)의 시기를 인문좌파로, 『집중과 영혼』(2017)의 시기를 인문우파로 분류하기도 했는데, 『동무론』이 자본제적 체제를 배경으로 인문주의적 연대를 모색하고 실천하면서 새로운 (미래적) 관계를 꿈꾸었다면, 『집중과 영혼』 이후에는 주로 학인 개인의 자기 구제로서의 공부 길을 조형했으므로 그런 분류에 뜻이 없다고 할 순 없겠습니다. 하지만 '무능의 텅 빈 중심'에서 발원하는 창의성과 급진성

---

* '자기 구제'는 애매한 개념이지만, 그 최종적 실효는 개인의 자인自認과 수용에 있고, '천당의 입장'(?)과 같은 유사객관적 잣대는 종교라는 배타적·위선적 체제의 변명일 뿐이다. 가령 베버가 말하는 구제의 개념은 굳이 종교적일 이유가 없다. 널리 알려진 대로 베버에게 있어 근대적 개인은 "개별화된 (직업적) 역할 속에 그때그때마다 자신을 완전히 던질 때" 탄생하는데, "개인으로서 인간의 구제도 그에게는 전문가가 된 인간을 고려하며, 그러한 인간의 범위 내에서의 구제를 의미한다". 칼 뢰비트, 『베버와 마르크스』, 이상률 옮김, 문예출판사, 2003, 75~76쪽. 내가 이 글에서 뜻하는 구제도 그리 명료한 개념은 아니며, 이른바 '애매한 텍스트'로 분류될 법하다. 구제는 기본적으로 그 구제를 희망하는 개인의 삶, 인생관, 혹은 사생관에 의해 생성될 수밖에 없다. 삶과 죽음(이후)의 실체를 알지 못한 채로, 그리고 관련된 모든 지혜가 조각난 채로 자기 삶을 구제하려는 희망은 결국 각 개인의 공부와 수행의 길을 좇아 스스로, 점진적으로 '구성'할 수밖에 없다.

　　　　　　　　　　　　　　생활공부와 현명한 관념론의 길

을 학인 개인의 생활양식 속에 적용하면서도 이를 생체항상적 '중용/중도'의 방향으로 변침한다면 좀더 적합한 실용성이 생성될 수 있을 것입니다. 물론 여기서는, 깨침으로부터 작은 생활의 구석구석에 이르기까지 '비운다'라는 적은 관심의 지속이 요령입니다. 가령 나는 여전히 휴대폰과 주민증과 TV가 없고, 돈과 명성에 관심이 적으며, 적경(명상)과 경행經行을 긴 세월 규칙적으로 실천하고 있습니다. 그간 적으나마 내 공부길에 성취가 있다면 그것은 죄다 이러한 비움의 생활양식과 연동되어 있습니다.

*G*_____ "어떤 사회가 잉여를 어떻게 사용하느냐에 따라 그 사회의 형태가 결정된다"*는 것은 바타유의 일반경제학적 윤리가 생성되는 지점이다. 이는 마르크스의 관심과도 통하지만 잉여에 대한 바타유의 입장은 왼쪽 시선이 아니라 좀더 중간적이다. 잉여 그 자체는 당연한 자연사적 전제일 뿐이며, 중요한 것은 오히려 그 잉여를 바람직하게 소비(소모)하는 방식에 있다는 것이다. [⋯] 이와 달리, 바타유의 일반경제학적 잉여론은 경제와 윤리가 연계하는 지점을 가장 낮은 자리에서 보인다는 이점을 갖는다. [물론 그 윤리는 체계의 악순환 문제나 사회적 약자에게 관심을 집중하는 종류의 것이 아니

* 조르주 바타유, 『저주의 몫』, 조한경 옮김, 문학동네, 2000, 149쪽.

     1강 『동무론』, 혹은 공부와 연대가 겹치는 지혜에 관해서

다.」 이와 유사하게, 마르셀 모스의 경우에도, 한 사회가 사회경제적 순환과 안정을 얻고자 사용하는 교환 방식은 그 사회의 형태와 성격을 결정한다."(『동무론』)

11. 시간이든 자원이든 돈이든 혹은 인간관계든, 잉여의 것을 사용하는 방식은 곧 그 사람이 자신의 인생을 대하는 방식을 나타냅니다. 여행 중 옆 좌석의 승객은 흔히 게임을 하거나 주식을 하거나 유튜브의 쇼츠를 보고 있는데, 이들이 승차 중에 얻는 잉여의 시간을 내내 이렇게 사용한다면 이들은 필경 어떤 형식의 삶에 붙들려 있을 겁니다. 서울의 명문 대학을 나온 젊은 부부가 한 달에 총 100만 원 이상의 벌이를 스스로 마다하면서 거처를 시골로 옮겨 생태학적이며 미니멀한 삶을 실험하겠다고 했을 때, 잉여에 대한 이들의 태도는 이들의 삶의 지향과 성격을 얼핏 엿보게 합니다. 내가 긴 세월 행했던 일식一食이나 생식生食의 실험에는 물론 내가 꿈꾸는 삶과 공부길의 이상이 들어 있지요. 내가 친구라는 이름의 세속적 체계의 팻말에 순응하는 대신 그 체계의 흐름을 끊고 버티며 내 삶의 주변을 변화시키려는 인문주의적 전망 속에서 아직은 없는 관계를 '동무'라는 행위에 결절시키려고 애쓸 때, 그것도 어떤 삶의 형식과 희망을 드러냅니다.

12. 세상을 바꿀 가능성도 필요도 없어요. 한 사람이 자기 자

 생활공부와 현명한 관념론의 길

신과 주변을 바꿀 수 있으면 그것은 그 자체로 '가능성의 중심'이 되어 실재의 역사에 기록되고 그 파문은 정신의 기억이 될 것입니다. 예수의 사건이 세상을 구한 일은 애초에 세상을 바꾼 것이 아니라 그의 인격과 행위가 몇 개의 마을을 진동震動시킨 것뿐입니다. 그러나 그 진동은 가능성의 중심이 되어 새삼 기록되고 반복 가능성의 지혜를 퍼뜨리지요. 누군가 한 마을을 온전히 구제할 수 있다면 그는 이로써 세상을 구제한 것입니다. 가령 성간물질에서 시작된 유기화합물이 어느 운 좋은 곡절을 넘어 복원 시스템으로 '도약'하게 되면, 이 도약은 실재의 역사에 '기록'됩니다. 100미터 단거리 육상 선수가 긴 연습 끝에 신기록을 세우면 그 성취는 육상협회만이 아니라 인류의 몸의 역사에 기록되고 기억되며 반복됩니다. 먼 옛날 물에서 진화해 나오면서 폐와 다리가 생긴 어느 생물의 도약은 생명의 역사에 기록됩니다. 당신이 옛 버릇을 없애고 새롭고 좋은 버릇 하나를 몸에 장착하면 그것은 당신 생활의 역사에 기록되지요. 이렇게 기록이 된 사건은 가능성의 길을 엽니다. 바로 이 가능성의 중심을 이룬 길로부터 새로운 역사는 시작되며 다른 사람과 생명들도 이 길에 차츰 동참할 수 있습니다.

   1강 『동무론』, 혹은 공부와 연대가 겹치는 지혜에 관해서

라이얼 왓슨의 초자연론과 현명한 관념론의 길

라이얼 왓슨(1939~2008)은 이력, 학술적 관심의 범위, 탐구와 사유의 방식, 그리고 상상과 주장의 내용에서 빼도 박도 못하는 아웃사이더입니다. 그가 정해진 아카데미아의 길에 순응하는 대신 자기만의 걸음으로 경계를 넘어 탐구하고 상상할 때, 나 역시 아웃사이더의 일종이라 더러 영감과 위안을 얻었습니다. 또한 분야의 상위相違에도 불구하고 정해진 사실과 학설을 넘어 범람하고 번쩍이는 직관들, 이로써 겹쳐지는 생명과 실재에 관한 이치들은 내 공부길의 반려가 되기도 했습니다.

그의 특장이라 할 수 있는 자연과 초자연supernature 사이의 매개에 관한 연구는 내게도 깊은 관심의 한 갈래를 이룬 곳이므로 나는 틈틈이 그와 대화하면서 내 긴 생각의 한 줄기를 벼리고 다듬었습니다. 이른바 '알면서 모른 체하기'라는 내 묵은 개념은, 그가 과학적·생물학적 매개를 통해 초자연적 현상들에 접근하면서 길어올렸던 해석 및 주장의 일부와 의미 있게 겹칩니다. 그 외에도 왓슨의 해박한 지식과 독창적인 해석은, 우주속을 걸어가면서 조각난 지혜를 안고 삶의 전망을 구하려는 학인들에게 유익한 참조점을 줍니다. 그의 주장에 더러 과하거나 부족한 게 있을 듯싶고, 게다가 '초자연' 등과 같은 개념은 그자체로 애매한 텍스트일 뿐만 아니라 (마치 한때 무의식의 존재일반에 대한 본능적인 저항이 격심했듯이) 초심자, 문외한들에게는 생소하고 듣그러워 저항의 벽을 만들 수도 있습니다.

그러나 모든 위대한 사상은 인간의 길을 새롭게, 다르게 조

형하므로 무시와 저항의 벽을 통과하는 비용과 노동을 지불할
게 당연합니다. 나는 긴 세월 개인적 체험과 다양한 독서 그리
고 나름의 견식을 바탕으로 초자연과 현명한 관념론의 길을 '모
른다-모른다-모른다'의 방식으로 조심스레 탐색해왔는데, 그
사이 작은 성과*를 내기도 했습니다. 이 과정에서 왓슨의 여러
저작을 자세히 검토해왔고, 내 생각과 겹치는 부분들을 살피고
따져왔습니다. 이번 강의는 이런 관심과 분석의 한 자락을 소
략하게 드러냅니다.

* 김영민, 『그림자 없이 빛을 보다』, 글항아리, 2023. 이하 '그림자'로 약칭.

　생활공부와 현명한 관념론의 길

왓슨의 초자연론超自然論과 현명한 관념론의 길 (2)

　이번 강의에서도 왓슨과 함께 자연과 초자연 사이의 관계, 그리고 가능한 매개의 이치를 탐색합니다. 이 탐색을 바탕으로 그 결과들이 관념론의 새로운 복원과 현명한 실천에 미칠 영향을 따져봅니다. 지난 강의에서는 특별히 내가 오랫동안 관심 있게 조형해온 개념인 '알면서 모른 체하기'가, 왓슨이 여러 주제에 걸쳐 제출한 가설들과 어떻게 겹치고 자증自證하는지 살펴봤지요. 이번 강의에서는 불이不二, 패턴pattern, 생명장lifefield, 컨틴전트 체계contingent system 등을 중심으로 그의 논의를 보충하고 확장합니다.

　이번 강의의 취지도 '조각난 지혜를 안고 삶의 전망과 구제를 구하려는' 학인들에게 유익한 참조점을 타진하려는 데 있습니다. '자신은 자신 바깥에 있다'는 말처럼 나는 너에게, 인간은 그 초월성에, 자연은 초자연에 깊은 그림자를 드리우고 있을 터, 이 강의는 이들 양자를 통합하는 좁은 길의 가능성을 드러내고자 합니다. 늘 '모른다'라는 조심의 원점原點에 서서, 지원旨遠이 언근言近에 드러나도록 다시, 또다시 시작합니다.

　"요컨대 나 자신을 신神에 대한 정신분석의醫로 간주하고 생명조류生命潮流의 억압된 힘을 해방시켜 그것을 우리의 의식을 위해 이용할 수 있는 가능성과, 그렇게 하는 것이 과연 어떠한 유익함이 있는지를 검토해보고 싶은 것이다."(라이얼 왓슨,『생명조류』)

1. 저항과 기질

줄리언 제인스의 이방성二房性 두뇌론에 의하면, 좌우 뇌가 아직 '통합'되지 않았던 고대인들은 우뇌의 지령을 자아로부터 소외시켜 신들의 계시로 외주화外注化했다.* 예를 들어 개인이 사랑에 빠지는 것을 사랑의 신인 에로스Ἔρως의 점지로 여긴 것 등이다. 그 모든 형식의 통합에는 저항과 비용이 따르지만, 특히 '아니, 라고 말하는 존재Nein-sagende Sein'인 인간의 정신은 더 그러하다. 그런 뜻에서 인류의 역사는 인간 정신의 진화와 통합의 과정에 다름 아니다. 정신을 통할하는 하나의 제어자로서 이성la raison을 고집하는 게 일종의 착각일 수도 있지만,** 긴 진화사는 이 통합의 과정을 실효성 있게 증명한다.

20세기 문턱에서는 정신분석학의 성립과 관련해 이 통합에 대한 극적인 저항이 있었고, 이로써 새삼 '정신은 자란다'라는 명제의 곤혹을 다시 한 차례 극명하게 보여주었다. 성性과 사랑의 에너지를 자신의 이론 속에 보존하고 통합하려는 프로이트의 강박적 태도나 C. G. 융이 증거한바 그의 노여움Bitterkeit은 이런 사정을 여실히 나타내고 있다.*** 저항Widerstand이란, 정신분석 과정에서 주로 억압된 충동이나 기억이 의식에 떠올라 정

---

* 라이얼 왓슨, 『생명조류』, 박용길 옮김, 고려원, 1992, 200쪽. 이하 '생명조류'로 약칭.

** 앙리 베르그송, 『도덕과 종교의 두 원천』, 송영진 옮김, 서광사, 1998, 33쪽.

   생활공부와 현명한 관념론의 길

신적으로 통합되려는 흐름을 방해하고자 하는 부정적 개입을 말한다. 프로이트는 히스테리 연구에서 이런 식으로 무의식과 무의식에 대한 저항을 발견했는데, 당대의 상식은 무의식의 대두에 저항했고 그 발굴자인 프로이트를 집요하게 평가절하했다. 융은 흥미롭게도 이 저항의 사실을 진화론적으로 해명한다. "무의식에 대하여 의식이 저항하는 것, 그리고 무의식을 과소평가하는 것, 이 두 가지야말로 그 역사에 비추어보아 진화에 없어서는 안 될 필수 조건이었다. 그것이 없었더라면 의식이 무의식으로부터 자립하는 일은 마지막까지 불가능했을 것이다."*

정신분석에서 저항과 전이Übertragung를 한 켤레로 묶어 사유하는 것처럼, 초자연의 영역에서는 저항과 기질Temperament을 더불어 생각해보는 게 좋다. 수학과 음악의 신동이 있고, 강신무降神巫가 있으며, 복숭아나 땅콩버터에 알레르기 반응을 보이는 이들이 있는 것처럼, 어떤 일들은 개인의 기질 혹은 적성適性으로 소급해야만 설명 가능해 보인다. 텔레파시나 예지몽이나 염력이나 귀신 현상 같은 일들에 관해서는 아카데미아의 지식을 정점으로 삼는 상식세계의 저항이 있는 게 당연하다. 이 저

*** "친애하는 융이여, 성이론을 결코 포기하지 않겠노라고 내게 약속해주게 Mein lieber Jung, versprechen Sie mir, nie die Sexualtheorie aufzugeben." C. G. Jung, *Erinnerungen, Träume, Gedanken von C. G. Jung*, Aufgezeichnet und herausgegeben von Aniela Jaffé(Zürich: Buchclub ex Libris Zürich, 1976), p. 154.

* C. G. Jung, 'Individual Dream Symbolism in Relation to Alchemy', *Collected Works*(12, 1936). 다음에서 재인용.(생명조류 286)

항은 대체로 합리적이며, 지성의 주술화를 막는 장치가 되기도 한다. 대개 집단 지성이 새로운 물매를 이루거나 낯설게 변화하는 과정에서는 적절한 비용과 문턱이 필요하기 때문이다. 그러므로 이른바 초자연 현상에 접근할 때에는 아카데미아 내부의 소리만을 맹종하려는 저항을 조심스레 유연화하는 한편, 이로써 유발될 수 있는 재주술화의 위험에도 대비해야 한다. 내가 『그림자 없이 빛을 보다』에서 쉼 없이 '모른다-모른다-모른다'라는 인식론적 디폴트 값을 주문한 이유가 바로 여기에 있다. 그러나 대학의 학제와 과학과 상식도 이미 그 자체로 역사적 곡절과 변화로부터 영원히 면제된 영역 및 제도가 아니라는 사실에서 그 모든 상상과 창의와 탐구는 진행되어야 한다. 대학이 '공부길'의 적지 않은 부분을 소외시킨 채 학술에 관한 표상을 과도하게 독점하고 있다는 사실을 잊지 말아야 한다. 자유로운 토론과 연구 덕에 현대의 합리적 세계가 생겨나온 역사를 기억한다면, 기성의 합리성 역시 그러한 비평과 탐색의 대상이 되어야 마땅하다.

새로운 앎을 향한 노출, 그리고 그 앎에 대한 저항 사이에는 이러한 문제에 간여하고 개입하는 사람의 '기질'이 비스듬하게 작동하고 있다. 개인의 기질은 남다른 관심과 적성을 배양하고 지행知行에서 새로운 길을 열게 하는 동시에 상식적인 타인들을 소외시킨다. 물론 이 과정에서 기질 자체가 곧 인식의 맹점이 되어 자신을 객관화할 수 없게 만들기도 한다. 한편 상식과 기성의 합리에 무젖은 이들은 이 새로운 지행의 실험에 대체로 무관심하거나 적절한 만남의 계기가 주어지더라도 심하게 저항하는 법이다. 그래서, 비록 의사심리학parapsychology에 관한 입장이긴 하지만, 왓슨은 솔직하고 다소 도발적으로 이렇게 밝힌다. "이 분야에서 연구하는 사람들은 우선 무엇보다 특이한 사람이라고 생각하는 것이 안전하다."*

* 라이얼 왓슨, 『초자연. 제1편 우주와 물질』, 박문재 옮김, 인간사, 1993, 264쪽. 이하 '초자연'으로 약칭.

 2강 라이얼 왓슨의 초자연론과 현명한 관념론의 길

2. 알면서 모른 체하기*(1) 'unawares'

앞서 기질을 말했지만, 기질의 중요성이란 곧 개입의 문제를 야기한다. 초자연의 연구자들이 특이한 (기질의) 사람이라는 왓슨의 지적은 그 특이성(기질)이 연구 대상이나 연구 자체에 어떻게 개입하고, 관계 맺고 있는지를 다시 묻게 한다. 그러나 이 물음에 대한 답은 시원하게 제시되지 않는다. 아마 유전공학적으로 접근하더라도 그 최후의 인과성은 드러나지 않을 듯하다. 사실 인과성은커녕 상관성의 계수correlation coefficient, 相關係數조차 애매하다. 기질의 특이성은 곧 특이한 개입을 뜻한다. 가령 뉴턴처럼 기질상 '분열질分裂質, schizothymia'에 속하는 사람은 '고립에 강하고 윤택이 없는 환경을 잘 견디며 타인으로부터의 위협에 극도로 민감'**한데, 이는 삶과 활동에 개입하는 그만의 방식을 엿보게 하고, 익히 알려진 그의 은둔생활이나 기이한 학술적 태도 및 성취의 사적 배경을 짐작게 한다.

다만 왓슨은 아래와 같은 짧은 문장으로 연구자가 이러한 문제(영역)에 접근할 때 필요한 '태도'에 대해서 언급할 뿐이다.

---

* 이 개념에 관한 상세한 이해는 앞서 인용한 내 책 『그림자 없이 빛을 보다』를 참조할 것.

** 이다 신·나카이 히사오, 『천재의 정신병리』, 이현수 옮김, 전파과학사, 2017, 43쪽.

 생활공부와 현명한 관념론의 길

그러나 이 모든 것(초자연적 힘)은 너무 새로울 뿐 아니라 낡은 미신에 의해 몹시 시달려왔기에 우리는 이 영역에 부드럽게 진입해서 부지불식간에 이 주제에 접근해야만 한다.But the whole thing is so new and yet so bedeviled by old superstitions, that we have to treat softly and come up on the subject unawares.[*]

이 문장의 비밀과 묘미는 내가 강조한 부분, 곧 '부지불식간에unawares'에 있다. 그리고 사실상 이것('부지불식간에 주제에 접근하는 일')은 (거의) 불가능한데, 따라서 왓슨이 충고한 개입의 태도는 실은 불가능한 셈이다. 그 모든 연구나 탐색은 선택적 의식의 투자(카텍시스cathexis)에 의해서 가능해지는 법인데, 어떻게, 부지불식간에, 혹은 스스로도 알지 못한 채로 연구하거나 탐색할 수 있단 말인가. 바로 이러한 조건 탓에 이 영역은 제대로 된 대접이나 관심을 받지 못했고, 백안시당하거나 주술의 일종으로 타매되었으며, 심지어 왓슨처럼 이러한 연구의 영역에서 최고의 전문가조차 그 연구나 탐색에 관한 '합리적인' 입문의 조언을 충분히 제시하지 못한다. 기실 그래서 '기질'을 말하

---

[*] Lyall Watson, *Supernature, A Natural History of the Supernature*(London: Hodder and Stoughton, 1973), p. 126. 이하 'supernature'로 약칭. 이 책을 번역한 이문재는 이 문장을 아래와 같이 옮겼다. "이 모든 것이 너무도 새롭고, 오래된 미신에 의해 방해를 받고 있기 때문에 우리는 유연하게 이 주제에 접근해나감으로써 자신도 모르는 가운데 이 주제에 이를 수 있어야 한다."(초자연 206)

    2강 라이얼 왓슨의 초자연론과 현명한 관념론의 길

고 있을 법하다. 대체로 기질을 통해서만 이 기묘한 탐색의 문
을 열 수 있기 때문이다.

 생활공부와 현명한 관념론의 길

3. 알면서 모른 체하기(2) '에고가 소비한 것은 무(초)의식이 돌아보지 않는다'*

그래서 '부지불식간의 접근'은 겹의 눈을 요구한다. 비유하자면 아는 눈과 모르는 눈, 혹은 뜬 눈과 감은 눈의 협력이다. 한 사례를 통해 그 이치를 생각해보자. 오래전에 꾼 꿈이다. 꿈속에서 내가 평소에 촉망하는 후배 P에게 전화를 넣었다. 그는 성품이 좋고 평소 공부에도 충실하게 열심을 내고 있었지만 자신의 학문적 재능에 관해서는 스스로 자신 없어하는 편이었다. 내가 전화하는 순간 눈앞에 전화선이 길게 연결되어 나아가는 게 환히 보이는데, 중간쯤 어디에서 전화선이 둘로 갈라지면서 그중 하나는 원래의 의도대로 P에게 닿았지만 다른 한 선은 애초 생각지도 않았던 '학재'라는 이름의 후학에게 연결되었다. 나는 나 스스로 알지 못할 '기쁨' 속에서 P에게 언질하기를, 'P야, 학재도 있네!'라고 했다. P와 학재는 서로 일면식이 없는 사이였고, 사실 꿈속의 나는 내가 한 말의 뜻을 아직 '알지

---

* 이미 다른 곳에서 이 문장의 취지나 사례를 여러 차례 언급했지만, 왓슨의 말로 조금 다르게 예증한다. 참고로 이것은 옥스퍼드대학 '정신물리학 연구소'의 셀리아 그린이 행한 환영체험幻影體驗에 관한 보고서를 비평한 글이다. "또한 왠지 모를 긴박감에 쫓겼다든지, 혹은 이상한 압박감이나 위화감을 느꼈다는 사람도 전혀 보고된 바가 없다. 결국 그와 같은 체험에 앞서 정작 자신이 어떠한 정신 상태에 있었는지를 생각해낼 수 있는 사람은 거의 없었다는 사실이야말로 무엇보다 특기할 만한 일임에 틀림없다."(생명조류 307)

못하고unawares' 있었다. 응당 꿈속에서 뱉은 내 말은, '너(P)에게 전화를 걸었는데, 네 옆에는 학재도 (내 전화를 받고) 있네' 정도의 의미였다. 그러나 꿈에서 깨는 순간 그 말의 의미는 일변했는데, 그것은 'P는 학재學才도 있네!'일 수밖에 없었다. 혹여 이 꿈이 무슨 예지叡智, 豫智를 품고 있다면 앞서 말한바 '부지불식간의 접근'에 필요한 겹의 눈과 관련될 것이다. 우선 꿈 자체가 일종의 겹의 눈 현상이다. 그것은 뜬 눈인 의식과 감은 눈인 무의식이 섞여들어 생긴 세계이기 때문이다. 게다가 꿈에서 내가 한 말도 '알면서 모른 체', 혹은 '모르면서 아는 체'하며 생성된 발화로서, 감은 눈이 한 말을 뜬 눈이 다르게 해석해낸 것인 셈이다.

초자연을 향한 접근 방식('부지불식간의 접근')과 이 꿈의 구조 사이의 관계를 아직 미심쩍게 여길 독자가 있겠지만, 실은 라캉의 유명한 명제―"내가 존재하지 않는 곳에서 나는 생각하고, 그러므로 내가 생각하지 않는 곳에 나는 존재한다Je pense où je ne suis pas, donc je suis où je ne pense pas"―를 연상케 하는 이 꿈의 형식은 어떤 기질을 지닌 주체가 초자연에 접근하고 개입하는 형식을 정확하게 알려준다. 나는 이것을 이미 다음과 같은 문장으로 성식화한 바 있다.

에고가 소비한 것은 무(초)의식이 돌아보지 않는다. (그림자 135)

  생활공부와 현명한 관념론의 길

‘에고가 소비한 것’이란 알고 있는 것, 혹은 안다고 생각한 것을 가리킨다. (나는 일찍부터 ‘생각은 공부가 아니’라고도 했지만) 이런 생각의 중심으로써는 초의식超意識의 기별이나 초자연적 현상에 접근할 수 없는데, 당연히 이는 ‘부지불식간의 접근’이 아니라 짧게나마 인식으로 충만한 에고의 인위人爲이기 때문이다. 나보다 더 큰 나는 내가 에고를 내 중심에 놓고 있을 때에 작동하지 못한다. 혹은 프로이트의 말처럼 에고의 실수(빈곳)를 통해서야 비로소 무의식의 소식이 드러난다. 혹은 증상은 이에 대한 인식을 우회하는 동안에 집중적으로 반복되곤 한다. 역시 그의 지론처럼 에고는 정신의 주인이 아닌 셈이다. 에블린 언더힐은 그의 『신비주의』(1911)*에서 ‘우리가 이해할 수 있을 만큼 신神이 작다면 그 신은 우리가 경배할 수 있을 만큼 크지 않을 것’이라는 유명한 문장을 남겼는데, 자아의 이해가 돌올한 곳에는 신이 찾아오지 않으며, 갖은 생각으로 번잡한 마음에서는 밝음Lichtung(‘존재의 빈 터’, 하이데거)이 종적을 감춘다. 신성神性은 실로 자기ego의 문제인 셈이다. “하나님과 일치하기 위해서는 자기(에고)를 온전히 버리고 ‘어두운 밤’을 지나야 한다. 이는 죽음 같은 자기 포기의 밤이다.”** 베르그송도 덧붙이기를, “진정한 신비가는 (훈육의 길을 따르는 게 아니라) 그저 그를 침

---

* Evelyn Underhill, *Mysticism*(New York: E.p.Dutton, 1961).

** 엄두섭, 『신비주의자들과 그 사상』, 교보문고, 1993, 119쪽.

     2강 라이얼 왓슨의 초자연론과 현명한 관념론의 길

투해 들어오는 직접성의 흐름에만 마음을 연다".* 이 대목에서는 하이데거에게 특유한 사유가 공명을 일으키기도 한다. "우리가 사유의 본질을 숙고하는 가운데 진정으로 바라는 것 (…) 그것은 제가 의욕하지-않기das Nicht-Wollen를 바란다는 것이지요. (…) '의욕하지-않음'이라는 표현은 모든 종류의 의지Wille에서 완전히 벗어난 채 그대로 머물러 있는 그런 상태를 의미합니다."** 내가 오래전부터 큰 공부를 위한 자리에서 '존재론적 겸허'를 요구한 이유가 여기에 있다. 과복생재過福生災며, 그리스 신화의 주제처럼 오만hubris은 천벌nemesis을 통해서 외려 인간을 구제catharsis하는 법이다.

* 앙리 베르그송, 앞의 책, 110쪽.
** 마르틴 하이데거, 『사유의 경험으로부터』, 신상희 옮김, 도서출판 길, 2012, 56쪽.

     생활공부와 현명한 관념론의 길

3. 알면서 모른 체하기(3) 폴터가이스트 현상의 경우

왓슨에 의하면 텔레파시나 폴터가이스트poltergeist, 소리요정 현상 등은 "무의식중에 일어나는 것으로 보이기 때문에⋯⋯ (배후의) 갈등이 의식되지 않는 동안에만 방어의 증후로 나타날 수 있다".* 이런 현상에 대한 접근과 연구도 '부지불식간에unawares' 이루어진다고 했지만, 현상 그 자체의 발현도 행위 주체의 인식이나 생각으로 에둘러서만 가능해진다는 말이다. 다시, 주체의 에고가 자기 생각 속에서 소비(기대, 예기, 혹은 원망)한 현상이라면 무의식은 자기 모습을 숨긴다. 달리 비유해서 말하자면, 예컨대 진인사대천명盡人事待天命에서 가장 중요한 부분은 '기다린다待'인데, 이 기다림은 과거의 진인사에 대한 생각이나 보상 심리가 아니라 오히려 마음과 생각을 비움虛心이 요령을 이룬다.

왓슨은 소리요정의 사례가 수없이 많다고 하며, 그 '활동은 (흔히 오해하듯) 장소가 아니라 사람과 관련된다'(초자연 241)고 한다. 이곳에서 짧게 해설할 노릇은 아니지만, '사람과의 관련성'은 앞서 말한 기질의 문제, 그리고 인간의 개입 및 관념론의 전반적인 복원 등과 깊이 얽혀 있기도 하다. 소리요정이나 염력의 실험에서는 우리의 논지('알면서 모른 체하기')를 매우 흥미

---

* 라이얼 왓슨, 『라이얼 왓슨의 인도네시아 명상기행』, 이한기 옮김, 정신세계사, 2004, 258쪽. 이하 '인도네시아'로 약칭.

　　　　2강　라이얼 왓슨의 초자연론과 현명한 관념론의 길

롭게 확인해주는 대목이 있어 조금 길지만 인용해본다. "물체들이 움직이는 것을 보는 몇몇 경우에도 나는 물체가 움직이기 '시작하는' 것을 봤다고 말하는 사람을 발견하지 못했다. 이 점은 중요하다. 평범한 사람들을 대상으로 행한 실험실에서의 염력 실험에서 피실험자가 결과들에 정신을 집중하고 있을 때는 그 결과들이 나오지 않고 있다가 피실험자의 주의를 딴 데로 돌리자 갑자기 결과가 나온다. (⋯) 염력은 좁은 범위의 심리 상태에서만 작동하고 이 상태가 방해를 받으면 즉시 억제되는 어떤 능력(인데) 대부분의 사람에게 있어서 이 능력은 일생 동안 억제된다."(초자연 242~243) 실험 중에 물체가 움직이는 것을 볼 수 없다는 것은 의식·생각의 집중cathexis은 그 자체로 부작용을 불러온다는 이 글의 논지와 정확히 일치한다. 이는 마치 '좋은 생각'은 우리가 '하지' 못하고, 오직 (그 생각이) '나는' 것을 사후에 알아차릴 뿐이라는 말과도 동종의 이치를 공유한다.

 생활공부와 현명한 관념론의 길

3. 알면서 모른 체하기(4) 창의성의 테크닉

이 같은 이치는 창의성creativity에도 고스란히 적용된다. 우리가 일상적으로 '생각이 난다'고 하거나 '생각이 우리에게 온다 Wir kommen nie zu Gedanken. Sie kommen zu uns'(하이데거)고 하거나 혹은 앙리 푸앵카레의 지론처럼 "무의식은 여러 관념의 조합을 세우는 복잡한 임무를 지닌다"*고 할 때, 유용하고 창의적인 관념들은 에고의 주의注意와 잡념을 우회해서 찾아온다는 사실을 나타내 보인다. 긴 시간 동안 창조적인 작업에 애쓴 적이 있는 이들이라면 이 사정을 쉽게 납득할 수 있다. "괴테는 그의 최고의 시 중 많은 것은 몽유夢遊에 근접한 상태에서 쓰인 것이라고 말했다. 새뮤얼 테일러 콜리지도 수면 중에 그의 『쿠블라 칸Kubla Khan』을 썼다고 알려져 있고, 모차르트는 그 자신의 의지와 무관하게 마치 꿈처럼 음악적 영감이 솟아오르는 일을 묘사하곤 했다. 뉴턴은 심지어 그의 가장 난삽한 수학 문제를 풀기 위해서 잠에 의지하기도 했다."(supernature 212) 수학 문제의 해결에서 무의식을 영감의 원천으로 사용한 것은 화이트헤드와 『수학의 원리The Principles of Mathematics』(1903)를 공저한 버트런드 러셀도 마찬가지다. "러셀의 테크닉에 대한 또 다른 사례는 그가 무

* J. 아다마르, 『수학 분야에서의 발명의 심리학』, 정계섭 옮김, 범양사출판부, 1990, 40쪽.

의식을 의식적으로 사용한 일이다. 그는 그 자신의 오랜 경험을 통해 이 테크닉을 터득했는데, 가령 그가 뭔가 매우 어려운 것을 풀어야 할 때는 그 문제에 관해 몇 시간이나 며칠 동안 되도록 열심히 생각한 후, 말하자면 '그 작업이 수면 아래에서 진행되도록 that the work is to proceed underground' 스스로 '명령을 내린다'고 한다. 그리고 수개월 후 다시 이 문제를 들춰보면 이미 해결되어 있음을 알게 된다는 것이다."*

* Alan Wood, *Bertrand Russell, The Passionate Skeptic*(New York: Simon and Schuster, 1958), p. 50. 흥미롭게도 'sleep on'이라는 숙어는 '하룻밤을 자면서 생각하다'라는 뜻인데, 필시 이 숙어의 생성 과정에서도 이 글의 취지를 반영할 만한 사례가 적지 않았을 듯하다.

      생활공부와 현명한 관념론의 길

3. 알면서 모른 체하기(5) 비몽사몽간의 지혜

그러나 무의식에 '명령을 내린다give orders'는 말은 내 개인적 경험에 부합하지 않을 뿐만 아니라 이 사안에 관한 일반적인 이치에도 다소 어긋난다. 이 역시 최종적으로는 기질과 적성, 개입의 정도와 형식의 문제로 소급되긴 하겠지만, 무엇보다 프로이트의 지론처럼 의식은 전체 정신의 주인이 아니기 때문이다. 문지기는 집주인의 마음을 다 읽을 수 없고, 첨병尖兵이 사령관에게 명령을 내릴 수는 없다. 아무튼 무의식과 의식 사이에서 예지叡智와 예지豫智가 융통한다는 사실은 창의성이나 인생과 실재에 관한 큰 앎을 구하는 이라면 단단히 기억해둘 필요가 있다. 왓슨은 작가나 예술가들이 가끔 스스로 야기한 최면상태 속에서 무의식과 의식의 융통을 통해 창의성을 얻는다(supernature 212)고도 했지만, 과학사의 뒤안길에서도 이 같은 현상들을 어렵지 않게 찾아볼 수 있다. 러시아의 화학자 드미트리 멘델레예프(1834~1907)는 1860년 카를스루에에서 개최된 국제 화학 총회 중에 화학 주기율표를 완성할 수 있었는데, 당시 그는 여러 차례의 실패 끝에 지쳐 잠든 후 이튿날 꿈에서 해답을 얻어 깨어났다고 한다.* "꿈속에서 모든 원소가 제자리

---

* Lyall Watson, *Beyond Supernature, A New History of the Supernatural*(New York: Bantam Books, 1987), p. 28. 이하 'beyond'로 약칭.

에 배열된 표를 봤다. 깨어나자마자 나는 즉시 종이에 적었고, 나중에 한 곳에서만 수정이 필요하다고 생각했다."* 사실 이것은 앞서 인용한 J. 아다마르가 그의 책에서 규명해낸 창의성의 일반적 형식과 정확히 일치한다. 애씀의 정성이 꿈에서 열매를 얻고 이로써 삶에 도움이 되는 경우는 (역시 개인의 기질과 관심, 그리고 인식론적·가치론적 전제에 의해 상당한 차이가 생기겠지만) 적지 않다.

다소 시시해 보이는 의사擬似 사례 하나를 소개한다. 나는 오래전 우연히 어느 고서에서 우보禹步에 관한 기록을 읽고는 스스로 재미삼아 실행해보던 중 근자에 어떤 꿈을 꾸었는데, 그 꿈속에서 도인풍의 한 노인이 내게 말하기를, 우보를 걸을 때 반주伴奏처럼 쓸 수 있는 가사佳詞 한 자락을 줄 테니 걷는 중에 이것을 읊조리면서 박자를 맞추면 좋으리라, 라고 했다. 그러고는 그 노인이 준 게 바로 '구야구야골인九也九也骨仁'이라는 글귀인데, 나는 지금도 우보와 함께 이 가사를 노래처럼 곁붙여 놀리곤 한다. 헤세가 쓴 『싯다르타』를 보면, 꿈속에서 아트만Atman을 얻은 수행자가 생활 곳곳에서 말과 행동을 통해 이를 구체화한다는 대목**이 나온다. 꿈과 무의식을 통한 징험徵驗이나 예지의 체험은 실로 오래된 인류의 자산이다.

* Myron E. Sharpe, *Soviet Psychology*, Vol. 5, 1967, p. 30.

** Hermann Hesse, *Siddhartha*, tr. by Hilda Rosner(New York: Bantam Books, 1978), p. 7.

 생활공부와 현명한 관념론의 길

'무의식과 의식의 융통에 기반한 창의성'을 언급하고, 뉴턴, 푸앵카레, 괴테, 러셀, 멘델레예프 등의 사례를 통해 잠에서 깨어나는 순간을 구체적 실현의 현장으로 제시했지만, 이 이치를 관류하는 매개는 곧 '묽어진 의식diluted consciousness'으로 보인다. 왓슨도 '진정으로 창의적인 지성, 그리고 의식을 희석시키는 능력과 함께 심지어 무아지경trance에까지 이르게 하는 능력 사이의 직접적인 연결'(beyond 29)을 말한다. "모든 심오한 직관은 보수적인 속성을 지닌 각성 상태와 본질적으로 해방적인 속성을 지닌 꿈의 논리 사이의 장벽을 허무는 데에서 흘러나오는 것처럼 보인다."(beyond 29) 이 묽어진 의식은 쉽게 말하자면 심리적 이완 상태와 친연성을 나타내는데, 뇌파 중 알파파alpha波의 상태와 관련되는 것으로 보인다. "대부분의 경우 눈을 감고 특별한 생각을 하고 있지 않은 사람에게서 알파파는 가장 잘 보인다."(supernature 207) 알파파는 의식과 무의식을 매개하는 평온한 자기수용적 중간 상태에서 자주 활성화되며 백일몽, 환청, 혹은 명상의 시기에 잘 나타난다는 사실이 실험적으로 확인된다.

나는 이러한 계기를 '비몽사몽의 순간'이라고 특기하고, 알면서 모른 체하기의 문제와 관련해서 설명한 적이 있다.(그림자 99~)* 이를 초의식 현상 일반에 적용할 수 있는 매개적 상

---

* 수행자에 따라서는 이를 '반입정半入定'의 상태라고 부르기도 하는데, 그 취지

  2강 라이얼 왓슨의 초자연론과 현명한 관념론의 길

태로 설명하면서 특히 불이不二의 체험과 관련시켰다. 조금 길긴 하지만 인용해본다. "'비몽사몽간半睡半醒'(의) 매개자적 성격은, 꿈을 분석한다거나 최면 치료를 한다거나 자유연상의 기법으로 숨은 진실에 접근한다거나, LSD와 같은 약물을 이용해서 의식의 다른 차원을 드러낸다거나, 격렬하고 반복적인 움직임을 통해 초의식의 개시를 시도한다거나 하는 등등의 행동 속에서 직간접적으로 확인된다고 볼 수 있겠다. 그러나 분이分二한 게 다시 불이不二의 조짐을 보일 때에는, 비유하자면, 세상 속의 아이가 다시 어머니의 자궁 속으로 들어가듯, 혹은 무의식에 대한 일반적인 저항처럼 무상無常의 흐름을 역전시키는 반反엔트로피적인 기묘한 노역이 필요할 것이므로 그 역전이 쉽게 이루어질 리 없다. (나는 이를 다른 곳에서 '창의적 퇴행'*이라는 개념 아래 뭉뚱그려 설명한 적이 있다.) 그러므로 이런 식의 반反관성

는 대동소이하다. 입정은 선정禪定에 든 상태를 가리킨다.

* '창의적 퇴행'의 유효성을 시사하는 또 하나의 사례는 임사체험nde 의 서술 속에서 드러나는데, 이른바 '종말기적 명료함terminal lucidity'이 그것이다. 죽음 직전에 이른 환자들 일부에서는 최후의 짧은 시간 동안 뇌의 생리적 기능이 상실되었을 때 오히려 이상하게 명료한 의식을 회복해 이런 추정과 논란을 부른다. "이런 현상은 우리 뇌의 오성 기능이 실제로는 퇴행적backwards 이라는 추정을 하게 만든다. 뇌는 모든 것을 걸러내기 때문에 우리의 사고를 돕는 게 아니라 오히려 방해한다. 뇌는 사고의 기능을 느리게 하며 다만 집중할 뿐이다." Bruce Greyson, *After*(New York: St. Martin's Essentials, 2021), p. 121. 한편 창의적 퇴행의 생물학적 바탕은 플라나리아나 도롱뇽처럼 "특수하게 분화되거나 과대한 기능을 갖지 않기 때문에 처음으로 돌아가서 새로 시작할 수 있는 것"(인도네시아 162~163)으로 정리할 수도 있다.

 생활공부와 현명한 관념론의 길

적 이동에는 다소 특별한 계기나 매개가 필요하다. 무릇 이행기Übergangszeit는 위태롭고, 그 과정이 힘들며, 따라서 그 이행의 저항과 마찰력을 줄이는 기제가 필요할 수밖에 없다. '비몽사몽간'이라는 시공간이 꼭 그러한 역할을 한다고 볼 수 있다."(그림자 109)

이 비몽사몽간의 매개적 창의성, 혹은 '창조성'은 내가 오랫동안 꾸려온 공부론 속에 지속적으로 유입되었고 조심스럽게 그 취지와 함의가 설명되었으며 미니멀하게 적용되고 실천되고 있다. 후배 학인들에게 나날이 실천할 것을 권면하는 명상('적경寂敬')은 몸의 중심을 낮추고 무의식과 접속하면서 쓸 만한 지혜를 얻는 데에 가장 안전하고 일반적인 계기를 준다. 나는 긴 세월 이 명상 기법을 생활 전체에 적용시키는 경행經行을 행해 왔는데, 이것은 명상으로 얻은 새로운 몸과 마음의 중심을 행주좌와行住坐臥에 그대로 옮겨놓은 것이다. 과거의 선비들이 신독愼獨에 주력하면서 거경居敬과 주일무적主一無適을 삶의 모토로 삼곤 했는데, 경행이란 마음을 집중하는 신독에 비해 몸의 중심을 낮추어서 생활하고 공부하는 주체의 디폴트 값을 변화시키는 훈련이자 생활양식이다. 공부길을 알기-되기-돕기의 세 갈래로 나눌 때 이 중에서도 되기가 공부의 동력이면서 매개적인 위치를 차지하는데, 되기의 요령은 남다른 생활양식에 터한 몸을 만드는 일('몸이 좋은 사람')이다. 비몽사몽의 상태와 관련해서 내가 스스로 실천하고 후학들에게도 권하는 기법 중 한 가

　　　　　　2강　라이얼 왓슨의 초자연론과 현명한 관념론의 길

지는 '멍한'(결코 '맹'한 것은 아닌) 상태를 틈틈이 활용하라는 데에 있다. 짧은 거리를 이동할 때(가령 서재에서 나와 부엌으로 걸어갈 때), 혹은 일없이 앉아 있는 시간(가령 강의를 시작하기 전 3~5분가량을 기다릴 때)에, 마치 자신을 사물事物처럼 느껴보면서 가만히, 멍한 상태로 '가라앉아' 있는 것.

   생활공부와 현명한 관념론의 길

4. 기질과 나이(어린이)

이런 관심과 탐색은 전술했듯이 개인의 재능Geschick, 특히 기질Temperament과 관련된다. 기질의 대략적인 정의는 '특정한 자극에 대한 민감성이나 정서적 반응을 보여주는 성격적 소질'이다. 혹은 "개인의 발달과정 중에 작동하는 제반의 생물학적 요인들의 결과로서 주어지는 정서적 반응성의 토대가 긴 교육의 과정과 상호작용하는 중에 얻어지는 것"*이라고 다소 전문적으로 정의할 수도 있다. 그러나 기질의 세계는 이런 정의가 드러내는 것보다 훨씬 더 어둡고 깊어, 정확한 현실적 적용이 어렵다. 필시 이 탓에 기질과 재능은 운명Geschick의 성분처럼 여겨지기도 할 듯하다. 그러므로 기질의 원천은 사뭇 고대적일 수 있는데, 내가 다른 글에서 이른바 '깨침'에 해당되는 체험의 내막에는 '창의적 퇴행'의 현상이 있다고 말한 것(그림자, 서문)이 바로 여기에 해당된다.

이 창의적 퇴행은 왓슨이 말한 '원시적 마음의 상태'(초자연 286)에 비견할 수도 있겠다. 흥미로운 점은, 이런 마음의 퇴행적 상태가 특별한 기질과 적성의 주체에게 속하는 것이기도 하겠지만, 상대적으로는 아이와 여자들에게서 더 두드러지

---

* Antonio Damasio, *The Strange Order of Things: Life, Feeling, and the Making of Cultures*(New York: Vintage Books, 2019), p. 113.

게 나타난다는 사실이다.* 왓슨은 사모아섬에서 채록된 일화들을 바탕으로 시각장애인들 가운데 손이나 손가락, 혹은 코끝 등으로 사물을 '보고' 묘사할 수 있는 이들을 소개하고 있다.(supernature 159~) 그런데 이러한 '능력'은 아이들에게서 가장 현저하게 나타나며, 열한 살 무렵에 최고치에 달한다고 한다.(supernature 161) 염사念寫, thoughtography 능력으로 유명한 테드 세리오스를 분석·해석하는 자리에서도 왓슨은 비슷한 주장을 반복한다. "세리오스에 대한 정신분석은 그가 보이는 여러 미성숙한 모습을 밝혀준다. 그리고 우리는 다시 한번 염사/염력 능력과 아이 같은 행동 사이의 관련성을 발견하게 된다."(supernature 155) 아이들을 대상으로 한 어느 조사에서는 놀랄 만큼 많은 수의 아이가 직관상直觀像, eidetic imagery**을 보존하는 능력을 지니고 있다는 사실을 보여줬다. 하지만 나이가 들어감에 따라 잡다한 교육 효과 탓에 이들은 이러한 능력을 서

---

* 흥미로운 유추를 촉발시키는 것은 인간을 포함한 동물의 학습능력이다. 학습능력에 관한 한 수컷 성체가 가장 떨어지며, 암컷과 새끼들, 그리고 거세한 수컷의 학습 속도가 빠르다는 사실은 실험을 통해 잘 알려져 있다. 칼 세이건·앤 드루얀, 『잃어버린 조상의 그림자』, 김동광 외 옮김, 고려원미디어, 1992, 271쪽. 비슷한 사례 하나. "젊은 원숭이들 모두가 오염된 음식물을 물에 씻어 먹는 습관을 몸에 익혔으나, 다섯 살 이상의 성숙한 원숭이로서 그러한 예를 보여준 경우는 단지 자녀들의 행동을 통하여 이를 모방하는 정도에 지나지 않았다." M. Kawai, 'Newly acquired precultural behaviour of the natural troop of Japanese monkeys on Koshima Island', *Primates*(6/1965), pp. 1~30.

** 이는 염사와 비슷한 것으로, 잠시 특정한 사진을 본 후에 눈을 감아도 생생하고 정확한 잔상이 계속 있는 현상을 가리킨다.(supernature 155)

 생활공부와 현명한 관념론의 길

서히 잃고 만다.(supernature 155)[*] 지진이 일어나기 전의 저주파 진동을 감지하는 동물들의 다양한 이야기는 이미 널리 알려져 있는데, 드물지만 인간에게도 그러한 사례가 있고 특히 "여자와 아이들이 이 주파수를 감지할 수 있다".(초자연 161) 폴터가이스트 현상은 세계적으로 널리 알려져 있지만, 이는 앞서 말한 대로 장소보다는 특정한 사람과 관련되어 있고 특별히 청소년이나 여성들이 대다수를 차지한다.(인도네시아 254)

2024년 4월 17일(수)의 일이다. 나는 늦은 밤 책상에 앉아 무언가를 쓰고 있었다. 어느 순간부터 내 몸이 매우 미세하게 진동하고 있다는 느낌이 생겼지만 처음에는 다소 의아하게 생각했을 뿐이다. 그러나 이 느낌이 가시질 않아 혹시 지진의 여파餘波는 아닐까 확인하느라 주변의 물건들을 유심히 살피기 시작했다. 그러나 아무런 움직임도 찾을 수 없었다. 필통에 꽂아놓은 연필도, 전등 위에 갓처럼 덮어놓은 손수건도, 이곳저곳에 붙여놓은 포스트잇도, 코를 바싹 붙이고 살펴봤지만 아무런 진동도 식별할 수가 없었다. 오직 내 몸만이, 나만이 의식할 수 있을 정도로 미세하게 계속해서 움직이고 있었다. 이튿날 아침 일본 뉴스를 살피다가, 전날 밤 11시경, 비교적 우리나라와 인

---

[*] 개인의 특이한 능력을 이 직관상과 관련해서 해명하는 사례들도 잘 알려져 있다. 파이π 값을 거의 저절로(?) 계산해내거나 혹은 투시透視 능력을 보유한 이들은 저절로 떠오르는 이미지들을 이용하는 것으로 알려져 있다. 니콜라 테슬라(1856~1943)도 이 직관상을 이용해서 설계도를 작성하거나 기획, 발명하는 것으로 유명했다.

     2강 라이얼 왓슨의 초자연론과 현명한 관념론의 길

접한 지역인 일본의 에히메현愛媛縣과 고치현高知縣 등지에서 지

진(6.6도)이 발생했고 약간의 부상자가 있었다는 소식을 접하게

되었다.

 생활공부와 현명한 관념론의 길

5. 실천적 관념론의 길

초자연 혹은 비일상적 현상과 관련해서 아이와 여자들의 특별한 개입을 언급했지만, 실상 이 개입은 정신적 존재인 인간 일반의 문제로 확장된다. 또한 이 개입의 사정은 과학혁명의 시대 이후 수백 년 동안 서구적 기술 문명을 지탱해온 형이상학적 이데올로기인 유물론에 대한 근본적인 재고를 요청한다. 내가 말하는, 그리고 내 공부론의 여건 속에서 실천하려고 하는 '현명한 관념론의 길'이란 이런 요청을 우리의 일상적 생활양식과 사고방식 속으로 옮겨오는 일이다. 이것은 인간의 마음에서부터 (가능한 한) 우주적 정신에까지 이르는 자기초월적 운동성의 의미와 가치에 대한 새로운 접근 및 이해를 촉진한다. 뇌의 메커니즘과 그 화학적 활동으로 환원되고 마는 유물론적 의식이 아니라 내 지론인 '마음(정신)은 자란다'라는 주장에 각인의 일상을 통해 피와 살을 제공하려는 길이기도 하다. 게다가 여태 길이 없다면 정신의 현명한 운용을 통해 스스로 길을 내려는 꾸준한 애씀이자 일생일대의 결의가 될 수도 있다.

주지하듯이 '관찰자 효과observer effect'는 '관측 행위 그 자체에 의해 관측되는 대상/계系가 교란되는 현상'을 가리킨다. 이것은 실험과학적 능동성이나 철학적 구성설을 거치면서 꾸준히 제기되어온 관념론적 실재 이해의 한 중요한 단서가 된다. 나는 진화 과정의 전부를 '상호작용(응하기)'을 통해 설명하곤 했

　　　　2강 라이얼 왓슨의 초자연론과 현명한 관념론의 길

지만, 관찰이란 곧 주객(실은 관찰의 메커니즘을 통해 주객의 도식 자체가 흐려지긴 하지만)의 상호작용을 가리킨다. 양자역학의 단계에서는 이러한 관찰에 의해 파동함수가 붕괴collapsing of the wave function하고 하나의 고유한 단일 상태가 확정(측정)된다. 예를 들어 태양빛을 감각할 때, 왓슨은 '내가 보고 있기 때문에 태양은 빛이 된다'(인도네시아 238)라는 식의 표현도 완벽히 성립된다고 말한다. "나의 태양에 대한 '의식'은 태양을 빛나는 상태로 축소(붕괴)시켜서 그것이 나타나게"(인도네시아 238) 하기 때문이다. 그러나 이런 정도의 해석은 감각의 범위나 역치閾値에 따른 지각 및 인식의 변화에 대한 논의만으로 충분히 수용할 수 있다. 양자역학에서 관찰(측정)이 시스템을 하나의 상태로 고정시키듯이, 원리상 실재를 이루는 시스템은 관찰을 통해서 하나의 상태로 고정(축소)될 수 있다. 왓슨의 주장에 따르면, 만약 관찰자가 둘 이상의 집단을 이루면서도 서로 원격 상태에 있다면, 시스템의 고정을 위해서는 어떤 비물리적 요소를 통해 결합해야 하는데 바로 이것이 의식consciousness이다.(인도네시아 228) (그러나 내 판단에 이렇게 결합된 의식들은 곧 무의식의 일종이 된다.)

여기서도 왓슨의 상상은 위험하게 치솟는다. 그는, 관찰자 효과가 극명해지는 양자적 단계를 초자연 현상을 통해 일상의 경험적 단계로 끌어올리는 모험을 감행한다. 어떤 (기질과 적성에서) 특이한 관찰자의 마음(의지)은 실재의 형태를 다르게 고

   생활공부와 현명한 관념론의 길

정(붕괴)시킨다. 그는 삶과 죽음의 현상마저 기존 시스템의 고정, 그리고 새로운 고정으로 해석한다. 왓슨은 특이한 기질을 소유하고 있는 티아라는 소녀의 일화를 통해 초자연적 현상의 개현開顯을 이런 식으로 설명하고자 한다. 하리스 워커의 주장에 공감하면서 왓슨은 의식 중에서도 의지will가 모든 시스템을 한곳에 묶는 놀라운 요소wonder ingredient(인도네시아 230)라고 읽어낸다. 이 대목에서는 티아가 이른바 '의지의 실천exercising of the will'(인도네시아 232)을 행하는 이야기가 서술되어 있다. 일반적인 경우에 의식, 곧 의지는 특정한 사회/공동체의 통제 아래 놓여 있으며 따라서 기성의 현실 개념에 가장 근접하는 시스템 상태의 선택에 고정된다. 그러나 의식이 고양되어 '충만'해지면 의지는 이러한 통제와 선택에서 벗어나 거의 불가능해 보이는, 초자연적인 상태조차 선택할 수 있다.(인도네시아 233) 당연하게도 이런 종류의 경험을 위한 조건은 분석적인 지각이 아니라 명상의 상태가 매우 유리하다.(인도네시아 232) 명상의 상태, 혹은 내가 말한 (의식과 무의식의 접경을 이루고 있는) '멍함(비몽사몽)'은 초월적·초자연적 경험을 위해 가장 널리 동원되는 매개적 상태다. 그러나 이 매개는 대체로 비수의적非隨意的이어야 하는데, 이 대목에 관한 왓슨의 사례 분석은 주체의 기질과 재능을 수의적으로 특화시키는 경향이 있어 내 입장과는 조금 다르다.

이와 함께, 왓슨이 설명한바, 초자연적 현상으로의 상태 고정에는 대체로 두 가지 조건이 따른다. 하나는 전술한 대로 특

    2강 라이얼 왓슨의 초자연론과 현명한 관념론의 길

이한 기질과 재능인데, 이 이야기에 등장하는 사례 가운데 중심인물인 티아가 바로 그런 (다시, 나이 어린!) '소녀'다. 나머지 하나는 새로운 고정을 희망하는 더 많은 의지의 '동의agreement'다.(인도네시아 234) 그러므로, 믿기 어려운 내용이지만, 이 이야기 속에서 죽은 팍 실라가 되살아난 일은 티아의 특수한 재능과 우리의 암묵적인 승인 덕이었다. 여기서 조금 더 상상을 펼쳐보면, 어쩌면 동의 혹은 합의는 철학이나 사회학에 국한되는 추상적인 개념이 아닐지도 모른다. 정신진화론적 관점에서 보면, 세계관이란 앞서 말한바 큰 집단이 간여·개입하는 시스템의 변형태에 다름 아니다.* 그리고 새로운 세계관이란 '합의'라는 행위를 구성 단위—가령 합의를 '누스피어noosphere**의 세포'(Steve McIntosh)처럼 여기는 해석—로 놓고 정신문화적 진화를 이해하는 기초적인 매개 개념으로 볼 수도 있다.*** "우리가 측정, 개입할 때마다 세상을 중지시(킨다면)"(프레드 울프)(인도네

* 합의라는 개념과 더불어 유익하게 '상상'해볼 수 있는 것이 바로 '관점perspective'이다. 켄 윌버는 진화의 근본적 단위로서 지각·사건·구조·과정 등이 아니라 관점을 제시한다. Ken Wilber, *Integral Spirituality*(Shambhala: 2007), p. 42.

** 누스피어는 정확한 학술어로 보긴 어렵지만, 대략 '정신νοῦς'과 '영역sphere'의 합성어로, 인간 의식과 지성의 진화로 인해 생기는 지구 생물권biosphere의 새로운 진화적 단계를 뜻한다. 흔히 인지권人智圈으로 옮기기도 한다. 이 개념은 테야르 드 샤르댕에 의해서 역사신학적으로 전유되기도 했지만, 그 취지는 마이클 다우드의 다음과 같은 진술로 압축될 수 있다. "우주의 기원에 대한 위대한 이야기, 진화의 서사시를 삶에 통합하면 전 세계적으로 영성이 회복될 것이다." 다음 책에서 재인용. 카터 핍스, 『인간은 무엇이 되려 하는가』, 이진영 옮김, 김영사, 2016, 320쪽.

생활공부와 현명한 관념론의 길

시아 264), 정신적 존재들의 동의나 승인이 불러올 새로운 세상의 가능성을 상상해볼 수 있을 법하다. 그리고 의식(마음)으로 매개되는 집단의 동의나 합의 연대는 정신진화론적 맥락에서의 변화를 가져오고, 이후에도 반복될 수 있도록 이를 가능성의 차원 속에서 '기록'*해둔다고 상상해볼 수 있을 법하다.

널리 알려진 것처럼, 헤겔에 따르면 인간을 통해 자기를 표현하는 세계정신은 일종의 객관적 창조 역량으로서 실재를 소화하고 개조한다. 헤겔의 형이상학은 어떤 제한된 의미에서 "우

*** 카터 핍스, 같은 책, 199쪽.

* 나는 진화 일반의 논리를 '기록'이라는 개념을 통해 재서술할 수 있으리라고 여긴다. 따로 후술하겠지만 이는 패턴화patterning와 깊이 겹치는 개념이기도 하다. 그 중심을 이루는 명제는, '진화상의 어떤 도약을 이루면서 그 도약을 안정화하는 새로운 패턴이 생기면, 그것은 표현적 가능성으로서 정신과 물질을 망라하는 실재 속에 기록되고, 이후에도 반복될 수 있는 현실성을 함축한다'는 정도로 정리할 수 있다. 예를 들어 성간물질星間物質에서 유기화합물로 도약하면서 이 도약을 확정짓는 분자적 형태 패턴이 생긴다면 이 진화의 기억은 실재의 역사 속에 '기록'되어 그 이후의 반복을 기약하고, 먼 옛날 물에서 육지로 변화해 나오던 틱타알릭이나 폐어肺魚의 아가미가 없어지고 폐와 다리가 생긴 진화적 도약과 그 형태적 변화의 패턴은 생명의 역사에 '기록'되어 반복되며, 어느 단거리 육상 선수가 긴 연습의 결실을 맺어 100미터 세계 신기록을 세운다면 이 신기록을 이룬 도약과 그 도약을 가능하게 만든 신체적 역동의 패턴은 그 선수뿐만 아니라 인류의 몸속에 '기록'되어 후대의 반복을 가능하게 하는 길을 내고, 당신이 나쁜 옛 버릇 하나를 없애고 좋은 새 버릇 하나를 몸에 장착하게 되면 그것은 당신 생활의 역사에 '기록'되어 타인들이 따라할 수 있는 가능성의 길을 열어놓게 된다. 혹은 부처나 예수와 같은 옛 성인聖人들이 이웃의 관심과 희망을 바꾸어놓으면 그 사건은 곧 '가능성의 중심'이 되어 실재의 역사에 '기록'되고 그 파문은 정신의 기억이 되어 뒷사람들의 생활에 영향을 끼치게 된다. 가령 "진실은 시간이 충만해질 때 열리며, 비로소 이해 가능하게 드러난다"는 식의 역사신학적 발상도

　　　　2강　라이얼 왓슨의 초자연론과 현명한 관념론의 길

리 인간의 관찰이 없다면 실재는 존재하지 않"(beyond 236)는다
는 강한 주장의 배경이나 실마리를 제공할 수 있을 법한데, 다
만 여기서 결정적인 사항은 이런 식의 관련성이 유효한 범위
나 차원을 제대로 밝혀야만 한다는 점이다. 존 휠러의 표현을
빌려 재서술하자면, "정신적 존재인 인간의 존재 자체가 우주
의 구조를 제한하고, 우주가 어떠해야 하는지를 결정한다".* 그
래서 우리가 이러한 형태로 존재하고 우주가 또한 저러한 형태
로 존재하는 것에는 그 나름의 필연적인 관련성이 있다.(dreams
31) 혹은 최소한 인간의 내면과 외계 사이에는 아직 덜 밝혀진
채 남아 있는 얽힘entwinement 이 있다.(beyond 188)

　　현명한 관념론의 길이 실천되려면, 첫째, 자신의 인생을 탐
색과 변화와 성숙을 위한 실험 자원으로 활용하려는 태도가 요
구된다. '되기' 없이 '알기'와 '돕기'는 무망한 짓이기 때문이며,
되기란 무엇보다 자기 자신의 가능성을 살피고 그것을 집요하
게 실천해보는 데에 그 요령이 있기 때문이다. 매사 기존의 시

이런 이치의 다른 표현으로 읽어볼 수 있다. 그램 질로크, 『발터 벤야민과 메트로
폴리스』, 노명우 옮김, 효형출판, 2005, 124쪽. 왓슨은 "진화상의 일대 도약 혹은
급속한 발전은 비교적 짧은 기간에 걸쳐 집중적으로 전개되었던 것으로 보이(며)
새로운 것은 이 변화가 지구상의 서로 다른 장소에서 거의 같은 시기에 일제히
일어났다는 사실"(생명조류 213)이라고 하는데, 이러한 현상 역시 임계치에 이른
어떤 실재의 기록 효과로 해석해볼 수도 있다.

* Lyall Watson, *The Dreams of Dragons: An Exploration and Celebration of the
Mysteries of Nature*(Rochester, Vermont: Destiny Books, 1992), p. 31. 이하
'dreams'로 약칭.

　　　　　　　생활공부와 현명한 관념론의 길

스템과 상식에 안이하게 순응하는 대신 '인생은 해보는 것人生
は試し'이라는 의지로써 생각과 생활의 변화를 통한 새로운 자득
과 '기록'을 의욕한다. 관념론의 실천이란 곧 마음자리의 방향
부터 변침해서 그 모든 시시한 에고의 고유한 저항을 넘어서는
게 출발점이다. 왓슨의 조언이다. "단지 이런 일들이 가능하다
는 사실을 받아들이는 것만으로 충분할 수 있다. 그러면 현실
을 자신이 원하는 식으로 이해하는 능력이 점점 더 강해진다.
사물이 기능하는 방식에 대한 새롭고 확장된 개념을 받아들임
으로써, 우리는 그 사물들과 흥미진진한 방식으로 새로운 관계
를 맺을 수 있게 된다."(인도네시아 84) 둘째, 초의식 및 초자연
영역과 관련된 해석 및 실천에는 무엇보다 '모른다-모른다-모
른다'라는 태도의 디폴트 값을 잊지 않는 게 중요하다. 편견과
억측과 오만과 미신과 저항이 겹겹이 산적한 영역이므로, 천 근
의 걸음으로 만 리 길을 간다는 조심과 끈기가 항용 요구된다.
그렇긴 해도 "우리는 자연과 동조同調되어 있으며 기회가 주어
져 있다. 따라서 조화로운 '창조' 활동을 할 수 있다".(인도네시
아 148) 관념론의 실천이란 필경 신神들의 신화적 활동처럼 일
종의 '창조'에 작은 정성을 내밀어보는 일이다. 셋째, 이 같은
행지行知와 패턴화에서 얻은 이치를 자기 생활 전체 속의 적절
한 자리에 적절한 방식으로 적용하면서, 이 실천 속에서 그 원
리의 효력과 가능성을 스스로 터득해가야 한다. 이때 전래의
믿음직한 지혜나 여러 공부론의 성취와 꼼꼼히 대조하는 게 좋

          2강 라이얼 왓슨의 초자연론과 현명한 관념론의 길

고, 무엇보다 제 마음의 전실全實함이 기초적인 자원資源이므로 마음자리를 낮추고 비우고 깨끗이 하는 수행을 일삼는 게 우선이다. "그것들(깨달음이나 이에 준하는 성취)은 의식에 무언가 놀랍고 새로운 요소를 첨가함으로써가 아니라 진정한 깨달음으로 가는 길을 막는 장벽을 제거함으로써 생산된다."(beyond 109)

6. 불이不二(1) 텔레파시

인간이 자신의 조건과 한계 속에서 접근 가능한 실재의 진상眞相—그 차원이나 수준, 혹은 영역과 무관하게—의 보편적 형식은 불이不二라고 여겨진다. 종교적 진실을 신자의 '실존적 개입existential commitment' 속에서 구성했던 키르케고르처럼 불이의 진상 역시 인간의 개입과 깊이 얽혀 있다. 그래서 인간 정신의 개입 그 자체가 불이의 내면을 이룬다. 흔히 『유마경維摩經』의 핵심이 되는 사상을 불이법문不二法門이라고 하는데, 부처/중생, 깨달음/번뇌 등이 서로 소외되어 있지 않다는 뜻에서 '진리가 둘이 아님'을 말한다. 이는 『금강경』의 공空 사상처럼 실재에 아무런 고정불변의 실체가 없으며 모든 것이 인연생기因緣生起한다는 사상과 내연內緣을 이룬다. 우주와 생명의 기원이 무엇이든, 필시 그것은 어떤 하나—에서 나왔을 법하므로 가없는 진화와 변화를 통해 무수한 잡다雜多를 낳았을지라도, 하나가 그 하나를 불러 깊이 그 애초의 관계를 잊지 않고 있는 상태를 능히 상상할 수 있다.

'지진이 말을 했다'(그림자 120~)고 해서 약간의 물의(?)를 일으킨 적이 있지만, 내가 사린四隣(사물·동식물·사람·(귀)신)을 설정해서 새로운 윤리를 제창하려고 한 뜻에는 불이에 관한 내 나름의 깨단함이 자리하고 있다. 그중에서도 감응感應이 가장 일차적이며 초보적인 체험이다. 우리 조상들이 신봉했던 풍수

     2강 라이얼 왓슨의 초자연론과 현명한 관념론의 길

지리학에 의하면 동기同氣가 (원격의) 감응을 부른다지만, 우선 동기는 애매한 개념이며, 내 판단에 감응은 동종同種의 소인素因이나 기원 같은 과거의 배경만이 아니라 내가 정신계의 원소처럼 여기고 있는 '관심'의 여부와 중첩에 의해서 강한 영향을 받는다. 내 사정을 알 수 없는 지기 넷이 거의 동시에 내게 기별을 해서 내 건강을 근심한 일(그림자 150~)을 기록했듯이, 나는 평소의 관심과 그 깊이에 따른 인연이 이런 종류의 원격 감응과 소통에 이바지하는 것은 아닌지 추측하고 있다.

텔레파시도 감응의 일종인데 이 현상은 무의식, 혹은 집단 무의식을 매개로 삼아 이루어지는 듯하다. 프로이트나 동시성 synchronicity*을 말한 융도 이러한 원격 감응·소통의 현상을 인정하고 있고, 대체로 그 매개 혹은 배경을 무의식에 두고 있다. 특히 프로이트는 텔레파시의 존재를 확신했고, 「정신분석과 텔레파시」라는 에세이를 남기기도 했다. "내가 내 삶을 다시 살 수 있다면 나는 정신분석이 아니라 초자연적 현상의 연구에 바치겠다."** 왓슨도 텔레파시를 의심할 수 없는 현상(supernature

---

* 융은 동시성을 서로 간의 인과성을 확인할 수 없는 사건·사태의 병발倂發이면서 종종 일종의 정신적 각성覺醒을 불러오는 현상으로 설명하고 있다. 왓슨은 이 동시성과 겹치는 현상으로서 '우연성의 묶음coincidental clusters'에 관심을 드러내는데, 특히 생물학자 카머러(1880~1926)의 '계통성 법칙the Law of Seriality'을 원용하고 있다. 계통성이란 '동일한 원인이 없는데도 동일하거나 유사한 사건들이 함께 생기는 일'을 가리키는데, 카머러에 의하면 "계통성의 법칙이란 조화와 응집을 지향하는 힘이 서로 유사한 사건들을 함께 묶음으로써 열역학 제2법칙과 반대로 작용하고 있다는 것이다".(supernature 110)

　　　　　　　　　　　　생활공부와 현명한 관념론의 길

243)이라고 여기면서 주로 무의식의 매개적 성격과 관련해서 설명한다. "텔레파시는 무의식에 의해서 규칙적으로 수용되긴 하지만 의식의 표면을 뚫고 나오는 경우는 그리 흔치 않다."(supernature 243) 직관intuition도 텔레파시의 보편성에 근거해서 설명할 수 있다. 왓슨은 직관을 '무의식을 통해 얻은 텔레파시적 정보에 의식적으로 접근하는 현상'(supernature 251)이라고 정의한다. 그곳에는 비록 애매한 구석이 없지 않지만 언제나 그것은 '이유는 잘 모르지만 확실해!'(supernature 251)와 같은 형식을 취한다. 통상 직관의 사실에는 너그럽게 반응하는 이들도 텔레파시라면 고개를 갸우뚱하곤 한다. 직관이 의식 속으로 최소한 머리를 내밀고 있는 짐승이라면, 텔레파시는 그 몸통 전체를 무의식 속에 담그고 있는 괴물처럼 여겨져서 그런 반응을 보일 수 있겠지만, 실은 바로 그 때문에 둘은 한통속인 셈이다.

** 다음에서 재인용. B. Steiger, *ESP: Your Sixth Sense*(New York: Award Books, 1966).

     2강 라이얼 왓슨의 초자연론과 현명한 관념론의 길

6. 불이不二 (2) 진동振動과 공명共鳴

"돌고래들로서는 주변 다른 생물들의 신체 내부 구조를 인식한다는 것이 일상적인 일이다. 돌고래와 함께 헤엄친다면 돌고래는 나의 건강 상태와 행복감, 심리 상태, 정서적 흥분 정도를 인식하게 될 것이다."(인도네시아 211) 또한 상어들은 '고통의 냄새'를 맡을 수 있다.* 이는 물속에서의 소리가 전체 두개골의 진동을 통해 전달되는 사실(인도네시아 210)과 관련이 있다. 인간을 포함한 대개의 동물의 몸은 지구 표면처럼 3분의 2가 물로 구성되어 있다. 특히 사람의 뇌는 80퍼센트가 물로 이루어져 있어 피보다 더 유동적이며, 따라서 공명共鳴이 매우 쉽게 활성화된다.(초자연 186) 왓슨은 인간이 직관이나 예지 능력 등 외계의 원격 정보에 대해서 수용적일 수 있는 이유는 우리 몸, 특히 뇌 속의 물 때문이라고 말한다. 물은 특별히 공명 능력이 좋아 에너지와 정보 전달에 유리할 법하다. 나란히 비교하며 생각해볼 만한 것이 이른바 야콥슨 기관Jacobson's organ인데, 왓슨은 이 기관이 냄새와 함께 '낌새'를 알아채며, 가령 "적절한 조건이 갖춰지고 야콥슨 기관의 도움을 받는다면 우리는 후각을 이용해서 다음과 같은 것들**을 알아낼 수 있을 것"이라고 말한다.

* 라이얼 왓슨, 『코, 낌새를 맡는 또 하나의 코, 야콥슨 기관』, 이한기 옮김, 정신세계사, 2002, 35쪽. 이하 '코'로 약칭.

** "현관 밑에 진짜 뱀이 있는지 없는지, 자동차 열쇠를 어디에 두었는지, 이 의

   생활공부와 현명한 관념론의 길

왓슨에 따르면, 꿀을 모을 수 있는 장소를 천문학상의 모든 변동 사항을 정확히 수정·반영해서 기억하는 벌(인도네시아 181),* 혹은 이동의 거리나 위치와 무관하게 천문학상의 변화에 정확히 공조하면서 생리주기를 변응變應하는 굴(supernature 35~36)** 등의 사례에서 알 수 있듯이 인간을 포함한 생명체 전부는 '지구의 사고방식'(인도네시아 41)으로 생각하고 살아간다. 이런 공조와 공명 현상에 별다른 신비는 없다. 진화적 적응의 상태를 가장 넓고도 섬세하게 드러내는 사실일 뿐이다. 우리 모두는 지구의 사이클과 리듬에 공조하는 생득적인 감성에

자를 마지막으로 사용한 사람이 누구인지, 옆집 여자의 배란일이 언제인지" 등등.(코 278)

* "꿀을 많이 모을 수 있는 특정한 장소를 방문했던 벌을 다섯 주 동안 벌집에 가둬두었다가 놓아주었더니 여전히 그 위치를 정확히 기억하고 있었으며, 그동안의 천문학상의 모든 변동 상황까지 정확히 수정해서 반영했다."

** "편의상 대부분의 해양 연구소 단지는 해안가에 위치해 있다. 그러나 과학을 위해서는 다행스럽게도, 자연의 리듬을 연구하는 어느 불굴의 연구자 한 사람이 바다로부터 수천 마일 떨어진 곳인 일리노이주 에반스톤시에 거주하면서 연구하고 있었다. 프랭크 브라운은 1954년에 굴oysters 의 연구하기 시작했다. 그는 굴들이 뚜렷이 조수潮水의 리듬에 반응하고 있으며, 만조 시에는 껍질을 열어 먹이 활동을 하고 간조 시에는 외상外傷이나 건조균열을 막기 위해 다시 닫는다는 사실을 알아냈다. 이런 활동 리듬은 실험실의 수조 속에서도 엄밀히 지켜지고 있었다. 브라운은 좀더 자세히 검토하기 위해 그중 몇 개를 집에 가져가기로 했다. 에반스톤은 미시간 호수변에 있는 시카고의 교외인데, 여기서도 굴들은 그들이 애초 서식했던 코네티컷의 롱아일랜드 사운드에서의 조수 리듬을 계속 기억했다. 이후 2주 동안에는 아무 이상이 없었다. 그러나 15일째 되던 날 브라운은 그 리듬상의 오차가 생기고 있다는 사실을 발견했다. 굴들은 더 이상 자신들의 먼 고향 바다의 조수와 조화를 이루면서 껍질을 개폐하고 있지 않았다."

     2강 라이얼 왓슨의 초자연론과 현명한 관념론의 길

젖어 태어나고 살아간다.(supernature 27) 생물은 지구의 시간을 지키며(초자연 48) 세포 단위에 이르기까지 시계를 내장한다(초자연 46)는 것은 모두 지구장地球場, 더 나아가 가없이 퍼져 있는 우주의 네트워크 속에 얹혀 살아가는 존재의 춤, 공명의 춤을 표현하고 있다. "감자의 덩이줄기塊莖는 달이 지평선에 떠올랐는지, 지고 있는지를 '안다'"(초자연 67)고 할 때, 왓슨은 가능한 매개적 요인들 중에서 가장 가능성 높은 후보를 자력磁力으로 본다. 지구의 자장磁場을 감지해서 성공적으로 초장거리를 이동하는 철새들이나 뱀장어 등의 생태는 이미 잘 알려져 있다. 달팽이와 여러 종류의 벌레들 역시 매우 약한 자장에도 반응하면서 방향을 잡아나간다.(초자연 70) 기감氣感에 능한 이들이 있는 것처럼 자감磁感도 그러한 민감성을 키우는 매개로서 먼 옛날부터 기능해왔고 또한 널리 알려져 있다. 강한 전압이 흐르는 송전탑 인근의 주민들이 병리적으로 이상을 보이거나 자살율이 높은 것도 통계적으로 확인되는데(dreams 104), 이 역시 어떤 성분과 정보를 지닌 에너지의 진동에 따른 후과로 보인다.

인과성이 확인되지 않는 병발성竝發性, 동시성을 언질했지만 그 정확한 원인이 아직은 밝혀지지 않은 채로 이 현상은 불이不二에 관한 또 다른 표현처럼 읽힌다. 불이의 추정이란, 실은 그 모든 존재와 생명과 정신이 '하나'에서 생겨나왔을 것이기에 너무나 당연하기도 하다. 가령 각기 다른 질량을 지닌 물체들이 중력장重力場, gravitational field의 단일 네트워크 속으로 환원된다거

생활공부와 현명한 관념론의 길

나, 양자적 얽힘quantum entanglements처럼 두 개 이상의 양자 입자
가 떨어진 거리와 무관하게 마치 하나인 듯 행동하는 것처럼,
이미 우주는 그 존재의 근본적 토대에서부터 '전 포괄적 하나
encompassing one'의 양상을 보인다. 어쩌면 통합一과 분석多은 존
재 전체의 운동을 표현하는 기본적인 양대 형식일 듯하다. 분
석 가능한 다양화, 다변화는 미래를 향하는 힘이며 흔히 진화의
틀에 의해서 그 세세한 모습이 드러난다. 그러나 통합은 하나
였던 과거의 기원을 기억하는 힘이며 흔히 현실에서는 과람한
해석 속에서 신비한 무엇인 양 나타나기도 한다.

그러나 내 입장에서 보자면 '신비'란 없다. 설혹 지팡이를
들어 홍해가 갈라져도, 마음의 힘으로 숟가락을 부러뜨려도, 텔
레폰을 능가하는 성능의 텔레파시가 생겨도, 생각만으로 상태
를 변화시켜도,* 투시透視 능력을 보여도, 죽은 사람이 다시 살
아나도, 혹은 (내가 겪었듯이) 지진이 사람에게 말을 한대도 이
모든 것은 아무런 기적도 신비도 아니다. 이것들은 죄다 '사람
사는 이야기人間事'의 일부이며, 지구에서 생긴(생길 수 있는) 일
이고, 더욱이 이 우주 속에서 벌어지는 일이다. 인간과 지구와
우주를 완전히 벗어나지 않았으므로 이것들은 죄다 자연사自然

---

* "제게 있어 상상과 현실 간에 큰 차이가 없습니다. (…) 저는 그 애의 위胃 속
에 있는 라드 덩어리가 녹아 풀어지는 모습을 머릿속에 그려봤습니다. 그러자 그
의 상태가 나아졌습니다." 알렉산드르 로마노비치 루리야, 『모든 것을 기억하는
남자』, 박중서 옮김, 갈라파고스, 2007, 211쪽.

　　　　2강 라이얼 왓슨의 초자연론과 현명한 관념론의 길

史의 일부분이며, 다만 그 자연사조차 다 밝혀지지 않았다는 이
유로 우리를 현혹시키거나 우리로 하여금 찬탄케 한다. "예기치
못한 일, 믿을 수 없는 일도 모두 이 세상의 것이다. 이들에 의
해 인생은 비로소 완전함에 이른다."*

* C. G. Jung, 앞의 책, 다음에서 재인용. 『생명조류』, 225쪽.

　　　　　　　　　　　　　　생활공부와 현명한 관념론의 길

7. 패턴

사물이 있으면 법칙이 있다有物有則.(『시경詩經』) 법칙이 있으면 그것은 마치 자연스러운 현상으로 보이지만, 실은 열역학 제2법칙이라는, 법칙 아닌 법칙의 굴레를 힘겹게, 그러나 성공적으로 뚫고 나온 새로운 에너지와 정보의 형식을 말한다. 임계치를 넘어서면서 하나의 현상은 무질서도degree of randomness를 줄이고 안정화되는데, 이때는 반드시 형태를 얻는다. 형태나 패턴은 분명한 표현이고 소식이며 징후徵候다. 우주 속의 힘들도 일정한 형태를 지니면서 반복되고(초자연 39) 생물 일반에게 유용한 정보를 제공하는 패턴을 만들지만(초자연 85), 생명 그 자체도 그러한 패턴이다.(dreams 32) 왓슨에 의하면 "생물 자체가 형태에 의해서 만들어졌다".(초자연 33) 그리고 "인간도 독특한 패턴"(supernature 174)이다.

통계에 따르면 1955년 한 해 동안 뉴욕에서 개에게 물린 사람 수의 평균은 하루에 75.3명이고, 1956년에는 73.6명, 1957년에는 73.2명, 그리고 1958년에는 72.6명이었다.(dreams 26) 뉴욕시에서 개들로 하여금 매일 정해진 쿼터quota보다 훨씬 더 많은 사람이나 훨씬 더 적은 사람을 '물지 않도록'(!) 그 개들 간의 (눈에 보이지 않는) 합의·연결을 조정해주는 그것은 대체 무엇일까? 사태와 사건의 임계를 정하거나 형태를 조절하는 숨은 문턱이란 게 존재할 수 있을까? 형태 혹은 패턴이란, 개개의 사

     2강 라이얼 왓슨의 초자연론과 현명한 관념론의 길

건 혹은 현상은 불확실하고 심지어 혼돈스럽지만 그것들을 충분히 많이 모아 배열하면 거기서 서서히 그러나 분명히 드러나는 확실성을 가리킨다. 엄밀히 말하자면 여기에는 애초에 확실한 확실성도 확실한 불확실성도 없다. 그렇지만 삶의 지혜에서 중도中道를 요구하는 것처럼 확실과 불확실 사이에서 그 모든 인간사가 벌어지는 법이다. 수학자이자 게임이론 발명가이기도 한 폰 노이만은 여기에 숨은 이치를 일러 '흑마술에 못지않은 것nothing less than black magic'(dreams 26)이라고도 했지만, 왓슨은 "생명을 가능하게 하는 것이 곧 패턴의 몫"(dreams 27)이라고 본다. 물리적 우주 속에 생기는 현상과 사건은 매우 적은 수의 우주상수universal constants에 의해 결정되며, 근년에 들어서야 우리는 이것들이 결코 가능하지 않을 법한 우연성들이 조합된 결과라는 사실을 알게 되었다. 폴 디랙이나 에딩턴 경은 이 모든 것이 의식적인 존재로서의 인간들과 미묘한 균형을 유지하고 있다고 생각했다.(dreams 31) 그 함의를 간추리자면, 우리 존재 자체가 우주의 구조를 제한할 수 있는데, 바로 이와 같은 관련성 속에서 우리의 관심을 끄는 패턴이 드러난다.(dreams 31)

어떤 패턴은 억압된다. 가령 인종 간 지능에 일정한 패턴을 이루면서 차이를 보인다는 것은 여러 연구에서 확인되고 있지만,* 다른 한편 이러한 사실을 억압해야 하는 사회정치적 이데올로기가 작동하고(言っては 48) 있다. 그런가 하면 어떤 패턴은 격상되어 메타패턴metapattern을 이룰 가능성을 보이며, 이로

   생활공부와 현명한 관념론의 길

써 불이不二의 형이상학적 경계에 근접하는 또 하나의 길이 열린다. "연결시키는 패턴. 어째서 학교에서는 이렇게 중요한 것에 대해 거의 아무것도 가르치지 않는 것일까. (…) 게와 새우를 연결시키는 패턴은 무엇일까? 난초와 앵초를 연결시키는 패턴은 무엇일까? 이러한 4개의 생물을 나와 연결시키는 패턴은 무엇일까? (…) 그리고 이러한 6개의 생물을 한 방향으로 아메바에 연결시키고 또 병동에 수감 중인 정신분열증 환자에게 연결시키는 패턴은 무엇일까?"** 만남과 상호작용은 우주의 '숨은 질서implicit order'(데이비드 봄)와 왓슨이 컨틴전트 시스템contingent system(생명조류 181~187)이라고 부르는 숨은 시스템 등에 의해 우주에 편만한 무질서의 흐름을 거스르면서 진화적 질서를 지향하게 하고 이 지향성은 다양한 패턴에 의해 매개된다.

우주 속의 모든 것은 무질서를 향해 쉬지 않고 무너져 내린다. 그러므로 질서를 추구하는 진화의 힘만이 생명을 낳고 정신의 자기 표현력을 높인다. 질서가 생기고 그 질서에 관한 메타적 해명인 '의미'를 얻게 되는 것은, 이 과정에서 특정한 패턴이 반복되기 때문이다. 패턴은 존재가 자신을 표현하는 자리에서 생기는 일종의 '긴장',*** 혹은 비유적으로는 '주름'과 같다고

---

* 橘玲, 『言ってはいけない 殘酷すぎる真実』(新潮社, 2016), p. 45. 이하 '言っては'로 약칭.

** 그레고리 베이트슨, 『정신과 자연』, 까치, 1990, 17~18쪽.

*** "그리고 그 압력이 다시 불안정을 낳고 변화를 요구했다. 진화사에 있어 긴

할 수 있다. 나는 30년 전에 쓴 글에서 "패턴은 컨텍스트와 텍스트 사이에 생긴 '긴장의 형태'"*라고 했다. 추상적인 표현이긴 하지만, 둘이 만나 상호작용을 하면서 그 관계의 균형을 맞추고 질서 있게 안정화되려 할 때, 타자와의 만남 자체는 당연히 일정한 긴장을 낳고 이 긴장은 안팎으로 특정한 형태(패턴)를 이룬다. 대개 긴장이 풀어지는 것, 그 이완弛緩에 의해 무질서와 형태 파괴, 그리고 죽음에 이른다. 다른 한편 나는 '일리一理'라는 개념으로써 이를 다르게 표현하기도 했다. "패턴은 진리와 무리 사이를 효율적이며 적실하게 중계할 수 있는 일리지평一理地平이 된다."(컨텍스트 131) 이를 다시 "사람에게 가장 가까이 다가와 있는 신의 손길"(컨텍스트 131)이라고도 했는데, 왓슨은 '태허太虛 속에 형식이 있으며 그것을 곧 신이라 불러도 좋을 것'이라고 덧붙인다.

장은 불가결의 요소이다. 만일 그것이 없었더라면 우리 역시 오늘날의 인간으로 태어날 수는 없었을 것이다."(생명조류 284)

* 김영민, 『컨텍스트로, 패턴으로』, 문학과지성사, 1996, 78쪽. 이하 '컨텍스트'로 약칭.

 생활공부와 현명한 관념론의 길

8. 생명장

게슈탈트 원리_{Gestalt Prinzip}는 특히 시각의 지각에서 대상(요소)의 개별적 특성보다 이를 둘러싸고 있는 전체적인 패턴의 역할을 강조한다. 인간의 상상이나 직관 능력 일반도 요소론적으로 작동하는 게 아니다. 실재는 요소론적이지 않고, 생명도 정신도 언어도 요소론적이지 않다. 양자역학의 관점에서는 특정한 양자의 요소론적 존재가 아니라 '양자장_{quantum field}'이라는 상호 연관성이 실재의 본모습이라고 본다. 입자라는 가상은 양자장의 들뜸, 긴장, 표현에 불과하다. 왓슨은 이와 유사하게 '생명장_{lifefield}'을 도입한다. 그는 생명을 요소론적인 무엇, 즉 '물체에 부가되는 무엇_{something added to the matter}'이라고 보지 않는다.* "유기체(생명체)는 살아 있지만, 생명은 그 유기체 속에 있는 무엇이 아니다. 유기체들이 생명 속에 있다."(dark xii)

완전히 눈먼 카멜레온도 즉각적으로 주변 환경에 어울리도록 카무플라주_{camouflage}를 하는데, 이를 적절한 거리에서 보면 환경과 조화로운 패턴을 이룬다.(supernature 162) 왓슨은 이러한 현상을 설명하기 위한 유일하게 적절한 제안은 동물과 그 서식지 사이의 '상호작용_{reciprocal interaction}'의 가설이라고 본

---

* Lyall Watson, *Dark Nature*(London: Hodder & Stoughton, 1995), xii. 이하 'dark'로 약칭.

   2강 라이얼 왓슨의 초자연론과 현명한 관념론의 길

다.(supernature 163) 그리고 이러한 기막힌 조화의 패턴이 즉시 생성되는 것은 오직 '생명장'과 같은 것의 존재를 가정함으로써만 설명할 수 있다고 본다.(supernature 164) 왓슨에 따르면 이 생명장의 가설은, 생명체의 특이한 활동만이 아니라 생명 그 자체의 발생과도 모종의 관계를 맺고 있다. "생물은 우연히 발생하며 (…) 생물이 이 지구에 존재하는 상대적으로 짧은 기간에 100만이 넘는 서로 분별되는 생물의 형태로 진화하는 것은 거의 불가능"(supernature 23)하다. 따라서 생명의 발생에서는 우연 외에도 "우주적 혼돈 속에 반쯤 숨겨져 있는 어떤 정보의 패턴"(supernature 23)이 매개해야만 한다고 주장한다. "생명은 패턴이 없는 무질서로부터 패턴을 만들어낸다. 그러나 내 생각에 생명은 그 자체로 패턴에 의해서 생겨나며, 이러한 설계design 는 우주적 힘 속에 내재한다."(supernature 24) 그러나 왓슨의 설명에 따른 생명장 개념에는 다소 모호한 데가 있다. 생명장을 (전술했듯이) 모든 생명이 출현하고 되돌아 들어가는 형이상학적 원천과 같은 무엇으로 묘사하는가 하면, 다른 한편 "생물이 죽게 되면 생명장도 사라진다"(초자연 150)고 단언함으로써 그 위상에 미묘한 모순점이 나타난다. 심지어 신체 내부에서 화학적인 반응들의 결과로 발생하는 전하電荷의 종체적 결과라고 설명하기도 해서 역시 그 성분과 위상이 확정적이진 않은데, 어쨌든 결론적으로 말해 "생명장은 목적을 위한 수단 이상의 의미를 갖는 것으로서 초자연을 이해하는 중요한 열쇠다".(초자연

　　　　　생활공부와 현명한 관념론의 길

150)

앞서 생명의 발생에는 '우주적 혼돈 속에 반쯤 숨겨져 있는 어떤 정보의 패턴'이 매개해야 한다고 했는데, 이것은 루퍼트 셸드레이크의 형태형성장morphogenetic filed, 혹은 형태공명morphic resonance의 가설과 겹치는 부분이 있다. 형태형성장 가설에 따르면, 유기체들은 그 발전과 형성formation에 영향을 미치는 비가시적이며 정보를 지닌 장場에 의해서 조형된다. 이 개념은 애초에 태아 혹은 다른 발달 시스템의 특징들이 생성되는 것을 설명하기 위해 제안된 것이지만, 적용 범위가 확장되어 생물학만이 아니라 화학이나 물리학 영역에 등장하는 모든 수준의 복잡한 조직 체계와 특징들을 해명하는 기제가 된다.* 이 형태형성장은 유전자에 의해서만 규제되는 게 아니라 이전 세대의 유기체들이 지닌 집단적 행태에 의해서도 구성되는데, 이 행태들이 형태공명을 매개로 유사한 패턴을 낳고 이를 지속시킨다고 추정한다.(dark 235) "이 가설은 유기체의 형태와 패턴이 반복되는 현상에 관심을 모은다. 그러나 이 형태와 패턴의 기원에 관한 물음은 이 가설에 포함되지 않는다."(morphic 4)

* Rupert Sheldrake, *Morphic Resonance: The Nature of Formative Causation* (Rochester, Bermont: Park Street Press, 2009), pp. 2~3. 이하 'morphic'으로 약칭.

     2강 라이얼 왓슨의 초자연론과 현명한 관념론의 길

9. 컨틴전트 시스템

왓슨의 개념 중 가장 이해하기 어렵거나 아카데미아 과학자들의 저항이 거셀 만한 것은 컨틴전트 시스템contingent system(CS로 약칭)이다. 간단히, 이것은 '전 생명체의 집단 무의식'(생명조류 242)이라고 정의된다. 이는 단박에 융을 연상시키고, 왓슨도 종종 그의 집단 무의식kollektives Unbewusstes을 언급하긴 하지만, 둘 사이의 정확한 관련성을 소상히 짚어내기는 어렵다.* 이는 앞서 말한 '생명장'이라는 개념과의 관련성에서도 마찬가지다. CS는 진화의 메커니즘과 그 실질적인 과정에 대한 '다른', 정확히는 '보충적인' 설명이다. 그는 유전이 당연히 핵核 속의 DNA에 의해 수행되지만, 이에 더해서 보충적으로 진화를 수행하는 다른 추상적**인 '프로그램'이 있다고 말한다.(생명조류 185) CS라는 프로그램의 작동은 역사적으로 "유전자에 의한 제어 기능

---

* 왓슨은 융의 집단 무의식과 관련해서 '뇌의 중복적 특성'을 설명하는데, 그에 의하면 "우리의 진화 단계가 기본적으로 복잡하게 세분화되어 있는 것"은 곧 집단 무의식의 존재를 상정할 수 있게 하며, "이와 같은 모순을 총체적인 시각으로 꿰뚫어본 사람은 오직 카를 구스타프 융 한 사람뿐이었다".(생명조류 285)

** "생명은 어디까지나 데이터와는 별개인 동시에 기본 입자나 화학 원소 따위와도 거의 혹은 전혀 관계가 없는 고유의 특질을 갖는다. 실제로 그 안에서 함께 어우러져 작용하는 다양한 요소 가운데 과연 프로그램상으로 예지豫智하거나 조직할 수 있는 것이 포함되어 있는지는 아직 확실히 장담할 수가 없다. 실질 그 자체보다는 오히려 형태와 더 밀접한 관계가 있다는 의미에서 그것은 근본적으로 추상적抽象的이다."(생명조류 305)

의 약화"(생명조류 183)에 그 배경이 있다고 보고, "DNA의 핵제어核制御에 필적할 만한 것으로 무의식 차원에서 존재할 수 있는 프로그램"(생명조류 183)이라고 추정한다. CS는 핵유전자 시스템과는 협력과 경쟁의 관계를 맺는다(생명조류 186)고 한다. 다시 말하자면 CS는 "유핵세포有核細胞를 가진 생물 전체에 공통되는 것"(생명조류 242)으로서, 세포질cytoplasm 내에서 DNA의 라이벌에 해당되는 기능을 수행한다.(생명조류 184) 이 시스템은 앞서 말한 협력과 경쟁의 상호작용을 통해 특히 '마음의 발달'을 촉진(생명조류 186)시키는데, 이는 CS가 "그 균형에 미세한 변화만 있어도 결과적으로 아주 극적인 방향 전환을 초래하는 그러한 영역에서 이루어지는 것"(생명조류 186)이라는 점과 조응한다. 요컨대, 의식이라는 특이성의 선물을 향수하게 된 것은 의당 뇌의 전문화에 터하지만, "한편으로 이에 필요한 긴장의 조성만큼은 전체 진화사를 통해 꾸준히 신장되어온 컨틴전트contingents*의 영향력에서 비롯되었"다.(생명조류 211)

앞서 말했듯이, 왓슨은 진화상의 도약이나 급속한 발전은 비교적 짧은 기간에 집중적으로 전개되었다(생명조류 213)고 본다. 그리고 이런 폭발적인 변화를 위한 조건으로서의 '임계치'

---

* 왓슨의 설명에 따르면, 컨틴전트의 라틴어 어원인 콘틴게레contingere는 '모든 면面에 닿아 있다'는 뜻으로서 생물권의 모든 부분에 골고루 압력을 미치고 있는 이 시스템의 특징을 잘 표현한다. 그러므로 CS는 "핵도 유전자도 아닌 그 대체물, 즉 복수複數의 영향력 한 세트"를 가리킨다.(생명조류 186)

개념은 그리 어렵지 않게 이해할 수 있다. 그가 '100마리째 원숭이 현상'(생명조류 211)이라고 부르는 게 이런 사례 중 하나다. 예화 중에 등장하는 '이모いも'라는 이름의 천재적 원숭이 한 마리의 새로운 발견과 버릇이 '기록'되고, 이에 '동의'하면서 그 행위를 반복하는 원숭이의 수가 100마리 정도에 이르면 다른 장소에서도 이와 유사한 일들이 한꺼번에 병발하게 된다. 여기서는 '얼마 남지 않은 짧은 시간'이라는 조건, 혹은 한계가 매우 중요한 요인이다. 이 요인에 의해서 임계치가 가져오는 존재의 물매에 CS가 간여하게 된다.

                                          생활공부와 현명한 관념론의 길

10. 조각난 지혜와 마음의 자리

　인간의 구제救濟는 그 개념이 애매한 만큼 다양한 이해와 접근과 수행이 가능할 것이다. 어쩌면 세속의 유행은 이 구제 자체에 무관심하거나 혹은 이 무관심을 이론화함으로써 요란한 새것들로만 구성된 자신의 관심을 소외 속에서 보호하기도 한다. 나는 '구제받기를 거부하는 자유주의자의 권리'를 백번 이해한다. 다만 그 권리가 이 세속의 소란과 유행 속에서 어떤 자리를 점하고 있는지를 조금씩 성찰할 뿐이다. 누구든 자신의 삶과 죽음을 통과하면서도 스스로 순順하고 영寧한 자리에 이르게 될 때, 숱한 타자를 겪으면서도 마침내 자신의 희망으로 되돌아와서 지난 절망들과 화해할 수 있을 때, 조각난 지혜들을 (20세기 초반의 두만강 뗏목처럼) 얼기설기 엮어서라도 저편을 향해 나아가며 인간의 정신과 우주의 아득함을 불이不二의 총체적 직관 속에서 이해하고 수긍할 때, 늘 앞서기를 좋아하는 재바른 에고를 누르고 뒤처지는 묵은 정신의 덕德을 촉망하면서 제 자신의 마음 전체를 통합해가는 노력의 도정에서 부사처럼 얻는 자득이 있을 때, 그것은 어쩌면 자기 삶의 경험 전체를 의미 있게 구제하는 순간이 될 것이다. '하얀 망아지가 문틈으로 지나가는 순간과 같은若白駒之過隙' 인생의 짧음 속에서나마 정신이라는 깊이와 우주라는 무한대가 교차하는 체험에 사무칠 수 있는 사람이라면 그는 '구제'를 말하고 희망할 자격이 있지 않겠는가?

인간에게 구제의 구체성이 있을 수 있다면 필경 그것은 (우주에까지 이어져 있을) 정신, 혹은 그 정신의 인간적인 판본인 '마음'에 의해 열리지 않을까 싶다. 그리고 이 열림에는 내가 말해 온 '개입' '합의' '기록' 등등의 개념들이 알 수 없는 깊이 속에 자리할지 모른다. 정신이 혹은 마음이 현실의 객관적 도면 위에 기껏 울렁울렁거리면서 곁붙어 있는 파생물에 지나지 않는다면 유물론자의 일차원적 단언과 불가지론자의 쿨한 냉소까지가 배운 자들의 정직한 한계일지도 모른다. 그러나 가령 35억 년 전의 단세포동물이나 4억5000만 년 전 물고기라는 생명의 탄생, 그리고 그 이후를 평심하게 돌아볼 수 있는 인간이라면, 그 인간의 마음이 어떻게 자라갈지 어찌 서둘러 예단할 수 있으며 그 마음의 기원과 진화적 미래를 어찌 안이하고 습관적으로 배치할 수 있겠는가. 초자연과 초월을 엿보려는 꾸준하고 평심한 관심도, 필경은 이런 '모른다-모른다-모른다'라는 겸허하고 견결한 시작이 열어주는 길목에서 열매를 얻을 수 있을 법하다. 왓슨은 짐짓 여유를 부리면서 "아무런 이유도 없이, 그리고 더러는 아주 유치하거나 완전히 건성인 듯한 방식으로 그것은(초자연 현상은) 일어난다"(생명조류 288)고 했지만, 사람의 정성어린 마음이 드러내는 정신의 깊이는 누구의 말처럼 다만 존재의 주사위 놀이일 수는 없을 테다.

따라서 우리의 현실reality 곳곳에서 때때로 마음이 얼굴을 불쑥 내미는 것은 전혀 놀라운 일이 아니다.(생명조류 244)

3강

한물간 검객이지만
칼은 매일 갈지요[*]

* 이 글은 『한편』 19호 '혼자'(민음사, 2026)에 다소 개작되어 게재되었다.

이번 장숙강에서는 '혼자 살기'에 관한 내 경험을 단면적으로 얘기하면서 긴 세월 말하고 실천해온 '공부론'의 기원과 그 형식을 살펴보려고 합니다. 나는 근자에 함께 공부하는 학생과 후배들에게 '당신이 혼자 있을 때 어떻게 살고 있는지가 곧 현재 당신의 공부가 도달한 실력의 지표'라고, 그리고 '혼자 있을 때 무엇을 어떻게 반복하고 있는지가 결국 공부의 알짬'이라고 말하곤 합니다. 게다가 학인은 개個별자가 아니라 고固유자이므로, 단독獨자적 기풍을 잃지 않은 채 자신만의 고유한 생활양식을 꾸리는 것으로 공부의 시작을 삼아야 합니다.

정체성이니 주체성이니 뭐니 할 것도 없이, 나는 무엇보다 내 생활입니다. 생활은 곧 다양한 반복이므로, 우선 이 반복을 성찰하고 재구성하는 게 생활의 메타적 재구성으로서의 공부가 됩니다. '공부가 아닌 곳이 없다无往而非工夫'거나 '작게 여러 번 이기고 크게 한 번 진다'는 형식의 공부란 곧 이와 같은 일상의 바탕을 지니고 있지요. 따라서 이번 강의는 혼자라는 내 개인의 사태가 특정하게 반복되는 행위 속에서 어떻게 공부의 자리에 오를 수 있는지를 탐색합니다.

1. '혼자'와 공부길이 겹치는 순간

나는 젊은 날 한 여자와 잠시 동거한 적이 있긴 해도, 이제야 돌아보면 평생을 혼자 산 듯합니다. 이 회고에는 아득한 세월 긴 사막을 건너온 마른 바람의 냄새가 나는 듯도 하군요. 프랑스의 어느 유명한 여자는 '여자로 살아가는 데 익숙하다'고 말했지만 나 역시 혼자 살아가는 데 아주 익숙하지요. 아니, 익숙하다 못해 짜장 전문가연하고 있기도 합니다. 한편 긴 세월을 남자로 '혼자' 살면서 겪은 갖은 불편과 오해, 심지어 소동騷動은 우리 사회의 급속한 변화나 그 특성을 증거하는 단면도처럼 느껴집니다. 실은 30년 전쯤 이미 '자발적 독신자'를 자처하면서 나름 이런저런 노하우를 떠들기도 했습니다. 게다가 '독신자 5계誡'라는 경망스러운 제목의 글을 쓰기도 했는데, 정비整備, 절제節制, 그리고 '박해에 대한 예감' 등을 열거했지요.

어느새 세월이 깊어, 이제는 자발적 독신자라기보다는 흔한 독거노인의 한 명일 뿐인 처지가 되었습니다. 누구의 표현처럼 '서두르지도 않고 쉬지도 않고without haste, without rest' 인생길을 걷는 중에 나는 늘 책 읽고 글 쓰는 일에 쉼이 없었고, 게다가 긴 세월 대학 안팎에서 인문(동무) 공동체 운동을 지속해왔습니다. 근 30년을 거치면서 학생, 청강생, 독자들이 찾아들었고, '동무론'을 참고로 삼으면서 다른 공부, 다른 생활, 다른 희망을 만들고 벼려왔습니다. 최근의 8년간은 '장숙藏塾'이라는 대안 인문

 생활공부와 현명한 관념론의 길

학 학교를 중심으로 여러 모임을 꾸리고 있고, '정신은 자란다'라는 기치 아래 법고창신과 교학상장의 긴 걸음을 타박타박 걷고 있습니다. 40권에 이르는 많은 책을 출판하는 와중에도 늘 '공부론'의 정립과 실천에 애를 썼지요. 내 인생에 묘처妙處라는 게 있다면 그것은 언제나 '혼자'와 공부길이 겹치는 순간 및 그 계기였을 법합니다. 학인이란 더불어 살고 공부하기에 앞서 근본적으로 혼자만의 삶의 양식을 발명하고 유지하는 주체이므로 어쩌면 내 삶은 '혼자-살기'라는 과제를 풀어내는 긴 과정으로 서술할 수도 있을 듯합니다. 그리하여 이 짧은 글에서는 그간 내가 이 과제를 대하면서 스스로의 '혼자'를 어떻게 이해하고 조형하면서 실천해왔는지, 그리고 이 과제가 내 공부길이나 인생길과 어떻게 연계되고 있는지를 내 일상의 대략을 통해 간단히 설명하고자 합니다.

2. 시작

　나는 외출하고 돌아오면 신발을 벗는 중에 조용히 혼자 속으로 말합니다. '이제, 시작이다', 라고. 우리 삶에는, 심지어 매일의 자잘한 일상에도 곡절과 어긋남이 있지요. 그 삶과 일상은 아무튼 지속되어야 하고, 그 지속성은 오직 스스로 명령한 어떤 생활양식을 지며리 유지함으로써만 가능한데, 여기서 '시작한다'라는 의욕의 발화는 이 지속성의 벼리와도 같은 것입니다. 시장에 포획된 개인의 자율성이란 실은 자주 허황됩니다. 자기 명령에 복종하는 삶의 양식을 정하고 지속할 때라야만 그 자율성은 도저한 혼자 속에서도 생산성을 얻습니다.

3. 복종이라는 묘행妙行

내 블로그(https://blog.naver.com/kdkgkei)의 이름 아래에 적어 놓은 표어는 '그는 비록 한물간 검객에 지나지 않지만 그의 생활은 규칙적이다他雖然是一個落魂的劍客但是他的生活很有規律'라는, 어느 중국 영화의 대사입니다. 나는, '규칙이 생활을 구제한다'고, 늘 말합니다. 특히 혼자 살아가는 사람에게 이 사실은 매우 절실합니다. 자유를 향한 열망이 주체화에 기여하던 시대는 이미 아득하고, 그렇지 않더라도 그것은 이미 학인의 정체성이 아닙니다. 여기에 상설할 순 없지만 '자유'에 대해서 나는 완전히 다른 생각을 지니고 있어요. 겨끔내기로 '현복지(현명한 복종과 현명한 지배)'를 오랫동안 실험해오고 있기도 하지만, 나는 자기 규칙에 대한 복종만이 단단한 주체를 만들어낸다고 봅니다. 혼자 사는 생활은 이러한 주체 생성을 위한 틀이 되기도 하고, 때에 따라 끝없이 시시한 에고의 늪이 되기도 합니다.

4. 중심 낮추기

시간을 정해 하루에 두어 차례 명상에 듭니다. 내가 쓰는 말로 '적경寂敬'이라고 하는데, 그 요령은 중심을 낮추는 데 있습니다. 혼자 사는 생활에서 빈발하는 외로움이나 우울은 '낮게 떨어져서 바닥에 붙는落ち付く' 것에 대한 두려움과 관련 있지요. 그것은 낮음 속의 평안과 그 창의성을 체득해본 적이 없기 때문입니다. 마음이 뜨고 생활이 부박浮薄해지는 즉시 혼자의 시공간을 견디지 못합니다. 혼자 보내는 시간에 가장 무서운 적은 부픈 마음과 나쁜 잡념들이지요. 선정禪定이나 경행經行에 드는 취미를 가져 마음과 몸의 중심을 낮추고 매사 차분하게 중용을 구하는 태도가 생기면 혼자의 생활에 부담이 없어지고 자율적으로 공부와 생활을 상보적으로 이끌어갈 수 있습니다.

5. 누림

중심을 낮추는 훈련인 적경과 일맥상통하면서도 역시 혼자 사는 생활의 미학을 돌보는 게 '누림'입니다. 누림은 혼자 사는 생활의 근본적인 재미랄 수 있습니다. 실은 '혼자'가 깊고 단단해져야만 그 넉넉한 깊이 속에서 누림이 가능해지지요. 이것은 자본제적 삶의 심리적 단말기가 되어버린 '느낌feeling'과 대조적으로 쓰이는 개념인데, 이 짧은 지면에 상설하진 못합니다. 이는, 충분히 낮아진 몸과 마음이 타자와 대상을 접하고 응하는 방식에서 빛나는 순간들이지요. 차 한잔을 정성껏 내거나, 그 찻잔을 동백기름 먹인 책상 위에 조심스레 얹거나, 그 찻물 위에 부사副詞처럼 연녹색 아우라가 뜨거나, 책장 사이로 오전의 햇살이 천진하게 부서져 들어오거나, 『조론肇論』 한 문장을 가만히 되씹고 낭송하거나, 아무 죄 없는 마음으로 사전을 들추어 보거나, 개념과 조짐과 전망이 한데 어울리면서 찾아오는 작은 깨침의 순간에 미소로 답하거나, 새로운 산책길에서 새로 만난 야생화에 잠시 몸을 떨거나, 단전丹田이 절로 부풀어 물소리를 내거나, 은행잎이나 단풍잎 떨어지는 사이로 제행무상諸行無常의 기별이 찾아올 때나, 젊은 엄마에게 안긴 젖먹이가 내게 고개를 돌리면서 하얗게 웃거나, 노랗게 벼 익는 소리가 길에 깔리거나, 내가 무슨 운명처럼 좋아하는 팥빵의 낯선 종류를 만나거나, 숲이 뜻밖에 깊어져 멧돼지나 담비를 만나거나, 새털구름

아래 참매의 정지비행이 아득해지는 순간을 접하거나, 강의 중
에 참한 질문을 품은 젊은이의 눈을 보거나, 나는 오직 혼자만
으로 가능해진 마음의 경계 속에서 내 삶의 작은 선물들을 누
립니다.

 생활공부와 현명한 관념론의 길

6. 불원불우不怨不尤

　마음의 자리가 낮아지면 여러 이로운 점이 생깁니다. 그중 한 가지가 정서의 중도中道, dynamic equilibrium 를 잡아나가기에 편리하다는 것입니다. 중도를 치는 상태와 선택과 응하기야말로 실력의 본령인데, 아무리 현란하고 심오한 지식으로 무장한들 마음자리가 부박부랑浮薄浮浪해서는 적절한 정서나 태도를 유지하거나 현명한 응하기에 나설 수 없습니다. '화를 내고서는 제대로 생각할 수도 없다忿而不思'고, '잘 싸우는 자는 화내지 않는다善戰者不怒'고 하듯 특히 낮고 단단한 마음자리는 정서의 균질성에 유리해서 사태의 이해와 판단을 돕습니다. 세 가지 사례를 들어볼게요. 첫째, 나는 벌금이나 여타 공과금 고지서를 받아들 때 스스로 오랫동안 연습한바, 그 내용의 여하와 무관하게 받(읽)기 전후의 마음에 일체의 조그만 차이도 생기지 않도록 합니다. 이는 마음자리의 형평성을 연습하기에 좋은 기회이며 또 정성을 들이기에 따라서는 꽤나 쓸모 있는 효과를 내기도 합니다. 둘째, 타인의 실수나 패악을 내가 바로잡는 일이 있다면 그 타인에 대해 불평이나 비난의 마음이 잠시도 일지 않도록 면밀히 주의합니다. 밀양에 살았던 근 10년간 종남산終南山의 임도를 따라 산책하던 중 휴지와 쓰레기를 주울 때, 그리고 지난 수년간 (나는 거의 매일 스타벅스에 가서 3시간 30분씩 독서를 하곤 하는데) 스타벅스의 남자 화장실에서 아무렇게나 버려진 휴지를 주워 쓰레기통에 넣을 때, 잠시나마 '자기 명령의 노예 되기'에 수반된 무심無心에 이르도록 합니다. 셋째, 칭찬 혹은 오해를 받을 때 내 마음의 모드를 바꾸어서 그 호오好惡의 문턱에 생각이 머물지 않도록 애씁니다. 여기는 이른바 '오해의 인문학'이 생성되는 자리이기도 하지요.

7. 사비錆/寂와 와비侘び

　일본에서 사용되는 미학 개념 중 사비錆/寂와 와비侘び라는 게 있어요. 사비는 낡았으되 정결하며 우아한 아름다움을 유지하고 있는 모습이고, 와비는 일상 속의 차분하고 한가로운 아취雅趣를 말합니다. 사비가 옛것이 그 정결한 이력 속에서 외려 새것을 이기는 힘이라면, 와비는 평범한 일상 속에서 드러나는 잠깐의 비상함이랄까요. (물론 이 개념들은 오랜 세월 일본의 문화와 일상이 겹치면서 만들어온 여러 자리의 소소한 미학을 드러냅니다.) 이렇게 배치하자면, 누림이란 중심이 충분히 낮아진 마음이 제 실력의 경계와 윤리 속에서 체험하는 사비이자 와비일 수 있습니다. 생활 속의 작은 미학이 발생하는 자리들이야말로 혼자 살아가는 학인의 (공간이 아닌) '장소'를 구성하지요.

8. 장소화

바로 여기서 '장소화'라는 개념을 얻습니다. 어느 독일, 혹은 일본 철학자의 말처럼 사람은 장소를 통해 자신의 삶을 이루어 갑니다. 장소가 없었다면 그는 노예였거나 혹은 황제였을 법하고, 소비자이거나 이름 좋은 '노마드nomad'일 것입니다. 긴 세월 혼자를 지켜온 내 생활의 생산성은 이런저런 장소(감)에 기초하고 있습니다. 그중에서도 서재書齋와 차방茶房은 내 관심과 실력과 정성과 세월이 녹아 있는 곳으로, 다양한 누림의 순간과 함께 혼자 있는 내게 무한한 위안과 통찰을 선사합니다. 나는 여러 글에서 '현명한 관념론의 길'을 말하고 그 실천의 좁은 길을 밝혀오곤 했지만, 장소화란 곧 사람이 사린四隣의 가장 낮은 차원인 사물에 응하는 방식의 일종입니다. 관념론이란 잘라 말해서 정신의 자기 표현력을 신뢰하는 사고방식이자 이에 준하는 생활양식을 말합니다. 그리고 장소화란 다만 사람의 정신과 정성이 자신을 표현하는 짧지 않은 세월을 통해서, 사물들이 함께 존재하는 곳이 어느새 얻게 되는 생활 체감을 말합니다. 가령 나는 사랑이나 귀신 현상이나 UFO까지도 일종의 장소화·체감으로 보는데, 물론 이런 문제를 여기서 거론하려는 것은 아닙니다. 아무튼 장소화된 장소는 혼자의 삶을 지며리 견지할 수 있는 아지트와도 같습니다.

장소화된 장소를 달리 표현하자면 '마음을 둘 수 있는 곳'

이랄 수 있습니다. 앞서 말한 대로 짧지 않은 세월 속의 정신과 정성이 그 속에 표현된 것으로서의 장소감이란 곧 사람이 길고 평온하게 마음 붙일 수 있는 곳이기도 합니다. 혼자 있을 수 있다는 것은 곧 혼자 있는 그 마음을 둘 수 있는 곳이 있다는 뜻이기도 하지요. 외로움이나 허무감은 기본적으로는 저 자신의 존재감을 놓친 채 타인 지향적인 기분에 빠져 있는 것, 혹은 일상을 살아가는 제 존재의 중심이 충분히 낮아지지 못한 데에 그 원인이 있지만, 테크니컬하게는 제 마음을 둘 수 있는 장소와 사물들을 창안해내지 못한 데 기인하기도 합니다. 상품은 상품대로 넘쳐나고 마음은 마음대로 넘쳐나는 세속 속에서 길게 마음 둘 자리가 없어 불어난 강물 위로 불어터진 돼지처럼 부유하거나 기껏 갖은 중독의 미늘에 걸려 허덕인다면 이미 그(녀)에게 혼자란 없는 것이지요.

9. 이기는 싸움

우리 생활은 작은 일들의 '반복'이면서도, 다른 한편 문제풀이의 연속이기도 합니다. 삶의 질이란 실은 이 같은 작은 일과 작은 문제에 대해 어떻게 응접하며 대처하고 있는가 하는 데서 결정납니다. 낮은 중심 속에 거하다가, '일이 생기면 따라서 마음을 내고 이에 잘 응하는 일事來而心始現而應'이 우리 소소한 일상의 전부라고 해도 과언이 아니지요. 나는 늘 '응하기가 전부이며, 응하기야말로 진정한 실력'이라고 말해왔어요. 응하기로서의 실력이란 이른바 4대 성인들의 일상에서 훌륭히 예증됩니다. 네 분 다 생활 속에서 만나고 스치는 여러 이웃의 관심과 고민을 현장에서 응應하면서 풀고 위로하며 새로운 삶의 전망과 희망을 제시하곤 했습니다. '지식을 고쳐 지혜를 얻는다轉識得智'고 했지만, 말로써든 행위로써든 구체적인 일상의 현실에 개입하는 것이 지혜이자 실력이지요. 얼마간의 개인차가 있긴 하지만, 이분들은 피안彼岸을 위한 형이상학이나 도그마를 고집한 게 아니라 당대 현실 속의 갖은 인간사에 지혜로써 응대했고 관후함으로써 더불어 살아냈습니다. 앎이 응하기를 통해 현실에 박진하는 일, 그게 바로 실력이라고 할 수 있습니다. '나는 내 생활'이고, 다시 내 생활은 수없이 자잘한 응하기의 연쇄라고 한다면 결국 작은 일들의 반복 속에서 내 삶의 허실과 명암이 드러나지요.

그래서 '이기는 싸움'을 주문합니다. 실은 혼자 사는 삶의 동력은 바로 이 이기는 싸움의 연쇄일 뿐입니다. (인생은 크게 지고, 생활은 작게 이긴다, 라는 뜻의 이김입니다.) 호기롭게 '싸움' 이라고 했지만 명량대첩과 같은 거창한 것이 아닙니다. 리 호이나키는 '문門을 열고 닫는 작은 행위에도 도덕적 의미가 있다'라는 말을 한 적이 있는데, 이 글이 내세우는 취지와 비슷합니다. 찌개 그릇을 씻는다거나 이를 닦는다거나 침대를 정리한다거나 신발을 제대로 벗고 가지런히 둔다거나 '안녕하세요!'라는 인사를 적절히 한다거나 기차에 승차하고 있는 30분을 유익하게 보낸다거나 혹은 서재에서 주방까지 걸어가는 방식에 관한 싸움(!)과 같은 일견 시시한 것들입니다. 이 시시한 것들의 반복에서 제 나름의 기량과 일관성으로 완벽(?)하지 못하다면 혼자라는 존재는 서서히 부스스해지고 부서집니다. 당연히 삶의 작은 자리들에서 명량대첩을 본받을 필요는 없지만, 다른 한편 '오직 이기는 싸움만을 준비했다'는 게 이 장군의 전승全勝을 뒷받침하는 배경이라는 사실을 기억할 필요는 있지요. 삶 속의 작은 반복은 범상할 뿐이지만, 한 순간, 한 걸음, 한 손길, 한 소리, 한 약속의 성패 속에 삶의 전부가 고스란히 들어 있다는 점에는 어떤 비상함이 있지요.

　　　　　　　

10. 부재의 존재 증명

내게는 휴대폰이 없습니다. 나름의 이유로 이러한 결정과 생활을 해왔고, 한때는 '부재不在의 존재 증명'이라는 이론적 틀 속에서 설명하곤 했지요. 항용 '자본제와의 창의적인 불화'를 말해왔지만, 잘라 말해서 이 부재의 사실이야말로 내 혼자 생활의 표식이고, 나만의 (다른) 창의성을 얻기 위한 일관성이기도 합니다. 학인으로서 그리고 수행자로서 혼자 살 수 있다는 것은 특히 주요 매체들과의 관계를 꾸준히 성찰한다는 말이니까요.

　생활공부와 현명한 관념론의 길

11. 자면서 시작하다

나는 잠자리에 드는 일을, 그 완전한 혼자의 시간을 하루의 시작으로 여깁니다. 생활에 끝과 시작이 따로 없어 그 솔기 없는 연환連環을 끈기와 순발력으로 이어가는 게 요령이긴 하지만, 특히 이것은 잠과 잠자리를 내 생활로부터 소외시키지 않기 위한 전술적 배려입니다. 나는 초상현상超常現象 일반을 논의하는 글에서 '그 모든 것이 인간사의 일부'라고 했지만, 잠도 꿈도 내 삶의 일부이며 내 공부길의 한 부분이기 때문이지요. 옛말에도 '꿈속에서도 공부의 깊고 낮음을 증험한다夢中也加驗所學之淺深'고 했듯이, 굳이 정신분석적 탐색이 아니라도 무의식의 지형과 경계를 살피고 바꾸는 노력이야말로 공부의 심처深處를 건드리는 애씀이지요.

   3강 한물간 검객이지만 칼은 매일 갈지요

생활인의 공부론

나는 긴 세월 공부론에 천착穿鑿했고, 『공부론』(샘터, 2011)과
『적은 생활, 작은 철학, 낮은 공부』(늘봄, 2022) 등의 책을 내기
도 했습니다. 이 관심에는 '공부는 곧 공부론'이라는 판단이 배
어 있습니다. 공부론이라는 추상화된 자리에서 경쟁과 선발에
찌든 학습의 여러 경험을 두루 살피면 공부가 생활과 만성적으
로 소외를 빚고 있다는 것, 이로써 자득과 변화를 외면하는 생
활을 반복하고 있다는 사실을 깨닫하게 됩니다. 공부와 생활을
이어주고, 그 연계 비용을 지불하는 실천을 지속해가면, 그야말
로 '어딜 가든 공부가 아닌 게 없다无往而非工夫'는 사실에 눈뜨
게 됩니다.

　이번 강의에서는 이런 체득體得을 중심으로 그동안 공부론
을 통해 입론했던 내용을 대략 정리합니다. 다른 공부의 전망
과 실천을 바라며, 공부를 통해 자기 생활을 구제하려는 이들의
고민과 희망에 대해 토론합니다.

1. 전식득지

전식득지轉識得智라고 하듯 지식은 생긴 그대로 인간사에, 혹은 구체적인 일상에 먹히지 않는다. 인간사의 여러 실천에는 늘 숱한 개입과 요령이 안팎으로 침윤하고 동원되는 법이니, 지식을 적절하게 변형해서 그 쓸모를 찾아야만 한다. '지식을 굴리고 옮겨야轉識' 비로소 지혜를 얻는得智다. 운전면허 시험이나 대학입학 시험을 치르듯 아는 내용을 바로 놀리는 것이란, 임상덕林象德(1683~1719)의 시구를 빌려 표현하자면 '익지 않은 벼를 다 베어 죽을 만드는 짓盡斫靑禾擣作粥'이나 다름없다. 익어야 먹듯이 지식도 익어야 제대로 쓸 수 있다.

그러므로 생활 자체를 긴 공부길로 삼으려는 학인이라면 자격을 얻으려거나 경쟁용으로 유통되는 지식에 머물러서는 안 된다. 대학이 만들어 제도화한 지식의 체계를 유일한 지남指南으로 삼을 필요도 없지만, 무엇보다 그 지식을 생활의 쓸모에 비추어 평가하고 응용할 수 있어야 한다. 생활은 갖은 인간사를 다루고 겪는 인간의 일이므로, 나은 생활을 희망하는 학인들은 지식이 열매를 맺는, 혹은 어긋나는 실천의 맥락 전부를 살필 수 있어야 한다. 실천하는 인간의 주체적 개입과 함께 그 인간의 세계인 생활이 어떤 맥락 속에 주제화되고 있는지를 통합적으로 파악하고, 그 통합된 시야 속에서야 열리는 중도中道의 실천을 한 걸음 한 걸음 현명하게 겹쳐나갈 수 있어야만 지혜가 생성된다. 유소劉劭(189~244)의 『인물지人物志』에서도 최고의 인물에게 중용中庸이라는 (덕성 너머의) 덕성을 배당하듯이, 대개의 실천적인 지혜φρόνησις는 전체의 조화를 품는 중용적 선택으로 드러나는 법이다. 그래야만 스스로 자비를 부르는 무이지無二智에 이른다. 내가 항용 공부길을 '알기-되기-돕기'라는 세 갈래로 압축하곤 했듯이, 인식cognition에서 성찰reflection로 나아가고, 이는 다시 자비compassion로 이어지는 게 순리다. 공부의 실효를 말한다면 이러한 지혜 속에서다. 심어 열매를 맺지 못하는 무실효無實效의 씨앗을 어디에 쓰랴.

2. 실용성

공부의 실효實效를 권하는 것에도 지식과 지혜 사이의 (비평적) 긴장과 같은 흐릿함이 있다. 실효에 객관적 실체가 있지 않기 때문이다. 더구나 사람의 일을 놓고 실효를 따지는 것은 턱없이 남의 마음을 짐작하는 짓만큼이나 난감하다. 인간사 속의 실효란 대개 주관적, 주체적이기 때문이다. 이 난감함의 원인 한 가지는, 문장의 탑이나 개념의 체계를 생산함으로써 증빙을 얻는 게 아니라, 결국은 하나의 인격이 어떤 행보démarche를 실천했다는 사실 속에서야 비로소 철학 혹은 인문학의 의미가 생성되기 때문이다.*

공부길의 실효는 길게 보자면 결국 자신만의 생활양식을 얻는 과정으로, 또 이 과정의 수확인 자득自得이 자기 구제의 설계에 되먹임되는 곳으로 수렴한다. 자기 생활에 얹힌 윤리와 미학에 걸러지면서야 비로소 공부의 애씀은 제 실효를 증명하기 때문이다. "제 공부를 증명하는 일은 제 생활을 증명하는 일"**이라고 말한 취지가 여기에 있다. 공부를 무엇보다 책 읽기로 이해하는 시류時流에서 빠뜨린 게 있다면 그건 바로 자신

---

* 페르디낭 알키에, 『철학자를 이해한다는 것은 무엇인가?』, 김민호 옮김, 글항아리, 2025, 65쪽.

** 김영민, 『적은 생활, 작은 철학, 낮은 공부』, 늘봄, 2022, 33쪽. 이하 '적은'으로 약칭.

    생활공부와 현명한 관념론의 길

의 공부를 생활의 안팎으로 증명하려는 실용성의 취지와 의욕
이다. 치용致用이라는 옛말처럼, 실제에 쓰임을 다하는 실용성,
말이다.

4강 생활인의 공부론

3. 책 읽기의 산패酸敗에 대해서

사이불학즉태思而不學則殆라고 할 때의 불학不學이란 당연히 책 읽기에 게으른 것을 가리킨다. 과거의 선비란 곧 독서인讀書人이고, 책을 읽어 관료에 이르고자 했던 학인이기 때문이다. "책 읽기를 생략한 공부는 없다."(적은 48) "책 읽기 공부가 지닌 최고의 장점은 글을 매개로 삼은 덕에 합리적 이해가 가능하고, 역시 이 때문에 그 이해의 전수傳授가 용이해서 배움의 전통이 탄탄해진다는 것"(적은 49)이다. 글로 세운 탄탄한 합리성 위에서 공사 간에 배움의 자리를 나누고 계승하는 일은 아카데미아의 학술을 위해서만이 아니라 일반 생활인들의 교양을 위해서도 매우 중요한 조건이 된다.

그러나 학이불사즉망學而不思則罔이라는 대구로써 문제가 풀리지는 않는다. '(스스로) 사유하지 않으면 (사리에) 어둡게 된다'는 말은 당연하지만, 앞서 말했듯이 항용/이미 개입하고 있는 인간과 그 인간의 복잡다단한 생활, 나아가 자기 배려와 구제의 맥락에까지 유의한다면, 학學과 사思의 나열만으로 공부의 지평이 시원해질 순 없다. 책 읽기만으로 문제의 해결을 삼을 수 없는 셈이다. 다시 말하지만 책 읽기를 생략한 공부는 없다고 하더라도 책 읽기만으로 달성되는 공부의 실효도 없다. 평생을 딴짓에 눈 팔고 살다가도 공부를 작심하면 곧 책을 찾고 읽는 게 능사처럼 여겨지는 풍조이지만, 인문학 일반에 관한 한

책은 한갓 매개일 뿐이라는 결정적인 사실을 놓치지 말아야 한다. 공부길의 전체 상에서 책(읽기)의 성격과 위상을 제대로 어림하지 못하면, 일껏 손에 든 책이 자칫 자기 개입과 자기 생활, 그리고 자기 삶을 역설적으로 소외시킬 수도 있다.

4. 자기 개입, 혹은 나는 누구인가

'나'에 관한 정의定義라는 게 있다면, 그것은 '언제나, 그리고 이미 주변의 이웃과 타자들에게 개입하고 있는 존재'일 것이다. 이런 식의 정의는 인간의 정신적 배경과 이력을 염두에 두고 있지만 여기서 상설할 순 없다. 그러므로 이 정의의 이면을 들추자면 '인간은 자기 자신이 무엇을 하고 있는지 늘/슬프게도 알지 못하는 존재'다. 공부, 혹은 인문학 공부의 중요한 일면은, 내가 항상, 이미, 무엇을 하고 있는지를 아는 것, 다시 말해 나의 존재론적 개입을 깨닫는 일인데, 이것이야말로 우리가 바랄 수 있는 최상의 지혜에 속한다.

따라서 '너 자신을 알라!'라는 선인들의 경계는 '네가 언제나/이미 하고 있으면서도 알지 못하고 있는 게 무엇인지를 알라'는 말이 된다. 이것은 간단히, '너의 자기 개입을 알라'라는 말이다. '시간이란 절대적인 방식으로 정의될 수 없는 것'(아인슈타인)이라듯이, 정신적 주체인 인간은 시간에 비할 수 없을 만치 더더욱 절대적으로 고정된 정의에 묶일 도리가 없다. 나는 내 개입의 총체적인 과정과 그 결과 속에서 존재의 비밀을 드러낸다. 동서고금에서 공히 전해오는바, '너 자신을 알라'라는 공부와 수행의 대명제는 학인들로 하여금 이 '자기 개입'의 과제를 일생의 숙제로 제시한다. 앞서 말했듯이 문제는, 공부를 책 읽기와 동일시하는 관습이 오히려 자기 개입의 과제를 숨기

    생활공부와 현명한 관념론의 길

거나 소외시킨다는 사실에 있다. 그래서 공부길에 동원되는 매개나 수단이 무엇이든, 가령 그것이 책 읽기든 명상이든 혹은 다른 어떤 테크닉이든, 자기 개입의 형식과 그 지형을 파악하고 이를 개선하려는 노력을 지속하는 게 지극히 중요하다. 궁극적으로 '자기 자신을 문제시하지 않는 글(읽기)'은 불성실한 공부이기 때문이다.

5. 어긋남과 어긋냄

그러므로 자기 자신을 문제시할 때라야만 진실로 공부길이 열린다고 할 수 있다. 공부에 관한 한 '게으른 평화'에 순치된 일상의 흐름流れ처럼 한심한 상태도 없다. 나 자신에게, 내 생활에 아무 문제가 없다고 여기면서 다만 기억력과 교양과 문화적 실천을 근심할 뿐이라면, 이런 유의 공부는 구태여 나타나지 않는다. 안이하고 화평한 일상이 전부라면, 차 한 모금 마시고 하늘 한 번 쳐다보고, 등燈 아래 좋은 책을 만지작거리다가, '제 어리석음에 끄달려率自愚' 해동갑하듯 조용히 이 세상을 넘어가도 좋을 것이다. "모든 삶은 문제풀이All life is problem solving"(칼 포퍼)라고도 했지만, 문제가 없거나 혹은 문제 자체에 등을 돌리는 식으로 경화된 삶이라면 공부길에 들 리 없기 때문이다. 고통이 없다면 불교식의 진제眞諦에 뜻이 없고, 타락이 없었다면 하나님의 말씀이 실없듯, 나와 이 세속과 내 생활에 문제가 없다면 공부를 향한 문제의식은 생기지 않는다.

나는 오래전부터 이러한 문제를 '어긋남'으로, 이 문제의식에 터한 공부의 실천을 '어긋냄'으로 대별해왔다. "어긋남(을) 개인의 실착이기 이전에 세속의 구조"로 봤고, "이 어긋남에 대한 이론적 관심이자 그 상처와 어리석음을 다루는 실천의 노동"을 일러 인문학으로, 공부로 여겼다.* 어긋남·어긋냄의 연쇄를 공부의 시작으로 삼은 이유 중 하나는, 앞서 말한 대로 다

  생활공부와 현명한 관념론의 길

만 책 읽기를 공부의 능사로 삼지 말라는 권면의 취지와 일치한다. 가령 사르트르는 이른바 '실존적 정신분석la psychanalyse exis-tentielle'의 근본 전제로 "세계 속에서 나 자신을 선택하는 것choix originel과 그 세계를 발견하는 것은 동일한 것"**이라고 하는데, 이는 그의 유명한 명제인 '자유는 내 사실성을 움켜잡는 것la lib-erté est l'appréhension de ma facticit'이라는 말과 이어진다. 세속 속의 나 자신을 '선택'하는 게 곧 최초의 기획projet initial이라는, 그의 반反정신분석적 태도의 압권인 셈이다. 굳이 사르트르를 끄집어온 이유는, 어긋남과 어긋냄의 사정이 바로 공부를 위한/향한 결정적 선택, 즉 변화를 위한 선택의 문제를 드러내기 때문이다. 제럴드 에덜먼의 말처럼 논리가 생각의 가정부라면 '선택'은 생각의 주인에 해당된다.*** '의도는 외출하지 못한다'****라는 문장으로써 어긋남이라는 선택의 실착을 말했다면, 다시 '몸을 끄-을-고 나간다'라는 변화에의 의욕으로써 어긋냄이라는 실천을 선택하는 셈이다.

에고가 시시해진 만큼 공부길도 따라서 정교하게 시시해지고 있다. 가령 한용운(1879~1944)이나 여운형(1886~1947) 혹은

---

* 김영민, 『세속의 어긋남과 어긋냄의 인문학』, 글항아리, 2011, 4쪽.

** Betty Cannon, *Sartre and Psychoanalysis: An Existentialist Challenge to Clinical Metatheory*(University Press of Kansas, 1991), p. 41.

*** 제럴드 에덜먼, 『뇌는 하늘보다 넓다』, 김한영 옮김, 해나무, 2004, 162쪽.

**** 김영민, 앞의 책, 14~17쪽.

     4강 생활인의 공부론

안재홍(1891~1965)과 같은 굵은 인물들의 정신과 동선은 까마득한 옛이야기가 되어버렸다. 그 탓에 똑똑해진 머리통으로 유행하는 책의 내용을 잠시 기억하는 일을 공부의 대체로 여기는 시세는 이제 한 시대의 징후처럼 보인다. 이것은 공부와 일부 겹치면서도 그 근본에서 어긋나며 소외를 빚고 있는 대학의 경쟁 시스템 속으로 공부의 지평과 가능성이 옹졸하게 포획되어 버린 사정을 반영한다. 이는 곧 어긋남의 체험도 없고 어긋냄의 의욕도 없는 '지식업자'(윤노빈)의 영업 비밀이며 '지식 소비자'의 허영 어린 영합이다. 이 매매의 현실이 드러내는 상한선이란 고작 다음과 같은 꼴이다. "우리는 무엇인가를 말하지만, 우리가 무엇을 말했고 말하지 않았는지를 되묻고, 다시 그 물음에 관해 묻다가 다른 관점을 가지고 그리로 되돌아가고, 그것을 규정짓다가 다시 규정짓지 않고 기타 등등…… 무한에 이르도록 미주尾註에 각주脚注를 달고 각주에 미주를 단다."* 혹은 요한 하만의 말처럼 '수數와 글자만 있다면 하고 싶은 대로 무슨 짓이든 한다'.**

자유와 자율을 명분으로 내세운 시시한 에고들이 우울증적 쾌락과 자학적 냉소, 혹은 떼거리 환상과 허무의 늪 사이를 우

---

* David Foster Wallace, *Infinite Jest*(1996). 아래의 책에서 재인용. 박동수, 『철학책 독서모임』, 민음사, 2025, 137쪽.

** 다음의 책에서 재인용. Isaiah Berlin, *Three Critics of the Enlightenment: Vico, Hamann, Herder*(Pimlico, 2013), p. 358.

 생활공부와 현명한 관념론의 길

왕좌왕하는 중에 다만 소비자로서 만나게 되는 문화·교양·예술·종교 속에는 진정한 동기Leitmotiv도, 일관된 의욕도, 꾸준한 실천도 잘 보이지 않는다. 어긋남의 사무침이 없고 어긋냄의 노동 없이는, 제 삶과 죽음을 구제하려는 희망으로 정향된 공부 길이 생길 도리란 없다.

6. 자기 구제로서의 공부

자기 구제는 애매한 개념이지만, 우주와 인생과 정신의 이치를 이해하고 자기 삶과 죽음 전체를 통으로 유의미하게 수용하면서 이를 긍정하는 자리에 이를 수 있다면 그렇게 부름 직하다. 인류사에 등장한 숱한 종교나 자기 구제의 테크닉을 다시 종합할 수도 없고 그럴 필요도 없이, 이 개념을 각자 자기 삶의 과정을 통해 구체화하고 재구성하면서 그 실용성을 부여해야 한다. 자기 구제로서의 공부란 취미나 학술, 교양이나 문화적 실천에 머무는 게 아니다. 구원종교적 신앙에 의속依屬되는 게 아니라는 점에서 그것은 타력종교적 구제가 아니며, 만유불이萬有不二의 상호 연관성 아래 내남의 실체와 공적功績이 따로 없다는 점에서 자력적 구제의 테크닉만도 아니다. 자기 삶의 전체를 낫게 만들어가려는 끈질긴 애씀 속에 가능해지는 갖은 자득과 정신의 자람이 그 삶을 밝히고 긍정하면서 삶과 '죽음을 놓고 평온한殁吾寧' 마음의 경계가 가능하다면 그것을 일러 구제라고 해도 별문제가 없다.

구제는, '당신은 구원의 확신이 있습니까?'라는 식의 심리적 보증과는 아무 관계가 없다. 존재의 구제를 위한 지혜와 전통이 모조리 조각난 터에 '확신'이란 실없는 고집이자 맹신이다. 다른 한편, 구제라는 관심 자체를 거부하는 어떤 자유주의자들의 태도도 실은 이 글의 논점을 비켜간다. 신념이나 생각 속의

    생활공부와 현명한 관념론의 길

구제는 아무런 쟁점도 아니기 때문이다. 오히려 출발은 구원의 확신이 아니라 구제에 대한 디폴트 값인 '무지(모른다-모른다-모른다)'에 있다. 조각난 지혜의 여건 속에서 무지의 자인自認으로부터 출발하며, '정신은 자란다'라는 공부의 실용성에 터해 학인 각자의 지혜로운 전망과 더불어 (재)구성되어가는 스스로에게 절실한 구제의 길이 있을 뿐이다. 가없는 무상無常 속에 어디 마음 둘 곳이 있어 구제의 표적을 구하는가, 라고 반론할 수도 있지만, 제 욕심으로 항상恒常의 환자幻姿를 애착할 일도 아니되, 무상 자체를 무상의 깨침이 열어주는 마음의 경계와 동일시할 수도 없다. '보살은 항상을 도모하려는 세속 속에서 무상의 가르침을 펼쳐 보인다菩薩處計常之中而演非常之敎'*고 하지 않던가.

* 승조, 『조론』, 조병활 옮김, 장경각, 2023, 82쪽.

  4강 생활인의 공부론

7. 규칙이 너희를 건지리라

잘못 이해된 무상無常, 혹은 현란한 첫 끗발을 자랑하던 문화가 끄트머리에 이르면서 항용 배어나곤 하는 허무는 인간의 마음이면 누구나 품고 있는 빈 고랑 탓에 거의 피하기가 어렵다. 여기에 더해, 이것은 이미 소비자적 자아로 부프고 나떠 있는 이들의 냉소와 변덕과 무기력, 혹은 지나친 자기중심성과 내통한다. 다른 한편 자기 내면에서 누설되는 허무의 깊이와 대면하기를 꺼리는 많은 이는 종교라는 '체계'가 지닌 집단주의적 쏠림의 자장 속에 마음을 저당잡히고, 더러 '맡겨서 믿는 신자'의 위치에 만족하곤 한다. 구제의 실천, 혹은 공부의 노동은 바로 허무의 극極과 맹신적 종교극劇 사이에서 벌어진다.

그러나 이 실천은 극極－극劇과는 달리 늘 적당하게 균형을 잡아야만 하는 생활 속의 소소한 자리에서 진행된다. 당연히 소소한 자리는 남명南冥 선생이 말한 대로 공부의 6할을 차지하는 '소소한 공부小學'가 있는 일상적 반복의 자리다. 반복은 그야말로 양날의 칼이 되어 적성積誠의 열매를 가져오기도 하지만 자칫 칼을 잡은 자를 찔러 불구의 무기력을 불러오기도 한다. 이 반복의 실천을 안정화시키는 동시에 자득의 열매를 맺도록 효율화하는 게 규칙이다. 가령 긴 세월 혼자 생활에 익숙한 내게 하루는 스스로 효율적으로 안정화시킨 규칙들로 빼곡하다. 예를 들어 나는 기침起寢에 제법 긴 선정禪定에 들고, 몇

 생활공부와 현명한 관념론의 길

차례든 찻물 끓이는 2분 정도의 시간에 반드시 주천周天이라는 체조를 한다. 아침 첫 두 시간가량은 내가 평생 익힌 여러 외국어 방송(뉴스·팟캐스트)을 듣는 데 오롯이 바친다. 카페에서의 3시간을 포함해 하루 5시간은 꼭 독서를 하고, (근자에 새로 들인 규칙으로는) 책을 가득 담은 가방을 메고 15분씩 뛰어다닌다. 이외에도 내가 나 자신의 몸과 마음에 익혀 깃들이고 있는 갖은 소학의 버릇은 나열하기 어려울 정도다.

규칙은 반反엔트로피의 길이므로 응당 쉽지 않고, 번란한 잡념의 주체인 인간들로서는 저항의 계기가 되기도 한다. 그러나 제 자신을, 제 생활양식과 마음의 경계를 바꾸는 공부란 워낙 '(장래의 대성을 위한) 쓰라린 경험과 시련勉強, べんきょう'이며 '가까스로勉強, miǎnqiǎng' 할 수 있는 것이다. 문자적 이해와 계몽이 아니라 마음의 경계를 바꾸고 삶을 통으로 구제하려는 공부는 임계치를 능가하는 적성積誠이 긴요하다. 무릇 임계치란 변화의 문턱인데, 변화라는 게 진화에서 필요한 장구한 세월과 곡절을 압축한 실천의 결과이므로 어찌 안이하게 이런 공부의 실효를 바랄 수 있겠는가.

8. 정신은 자란다

내가 설계하고 긴 세월 후학들과 함께 실천해온 공부의 실효는 다름 아닌 자득自得이다. 자득이란 간단히 내 정신이, 내 존재가 자라난 사건을 말한다. 자득이란 경쟁과 선발의 학습에서 제일로 요긴한 기억력이나 그 속에 든 정보량과는 큰 상관이 없다. 자득은 이 글의 지향점인 자기 구제의 공부를 위한 징검다리인 셈인데, 갖은 방편과 테크닉이 있을 수 있지만 이것은 결국 새로운 마음의 경계境界로 수렴된다. 무의식을 포함한 마음의 지형과 그 경계가 새로워지는 것을 일컫는다. 자득의 공부는 인금과 깜냥을 키우는 함양涵養과 일부 겹치기도 하지만, 아무튼 지며리 이어지는 자득의 과정 없이는 그 사람을 바꿀 수 없고, 다른 생활양식으로 옮아가게 할 수 없으며, 필경 자기 구제의 평온 속에 이르게 할 수 없다.

그러나 이 모든 과정의 근거는 진화론적 보편성 아래 놓인 정신의 행로, 즉 '정신은 자란다'라는 데 있다. 물론 우리 모두는 몸이 자랐고 늙었으되 정신은, 영혼은 자라지 않는 이들을 수없이 목두하며 살아가고 있다. 기어에 근거한 경쟁과 선발의 교육 시스템이 인간 자체를 기능주의의 함수로 전락시킨 탓이 적지 않다. 예부터 기존 과거제의 폐해를 방지하고자 현량과賢良科니 보거제保擧制니 하는 제도를 시험하곤 한 저의가 여기에 있다. 그러나 이 글이 지향하는 공부는 제도 내부에 교과서처

　　　　　　　　生활공부와 현명한 관념론의 길

럼 등록된 게 아니다. 이 실천은 정신적인 존재로서 인간의 알
속인 바로 그 정신에 박진한다. 인간의 마음을 통해 구현되고
표현되는 정신의 미래와 함께 공부의 실효를 얻고 인간의 희망
을 더불어 나눌 수 있는 것, 그것이 '정신의 자람'이라는 공부다.

2025년, 응해서 말(답)하기

이번 강의는 지난 1년간의 강의 원고를 수록한 『한국적 교양의 실패와 여자들의 공부론』(글항아리, 2025) 출간에 즈음해서 그간의 논의를 종합하고자 조금 다른 구성으로 진행합니다. 관례대로 정해진 하나의 주제 아래 내 생각을 펼쳐 보이는 대신, 지난 수년간 장숙강에 참여한 분들로부터 질문을 구하고 이에 대한 내 답변을 재구성, 재서술합니다. 대면관계에서도 늘 '응해서' 말하기를 강의의 원칙으로 정해 실천했지만, 이번 강의에서도 독자·후배들의 관심과 탐문에 응해 쓰고 말하면서 교학상장의 모임을 진행하려고 합니다.

말이든 글이든 응하기에서는 우발적인 창의성을 기대할 수 있고, 어떤 이들은 이를 '글·말의 계시성'이라고 부르기도 합니다. 크게 대별하자면 우발적 창의성의 길에는 두 가지가 있습니다. 하나는 내가 긴 세월 조금씩 탐색한 바 있는 '창의적 퇴행(성)'인데, 이는 무無의식의 무無한성에 기반하고 있습니다. 여기는 진정한 실력과 진정한 신성神性의 기별이 솟아나는 곳이기도 하지요. 허무와 냉소와 오연傲然이 영영 발붙일 수 없는 영역이기도 합니다. 다른 하나는 바로 글·말의 계시성으로서, 물론 이것은 전적으로 타자의 지평이 선사하는 습득물입니다.

공부란 우선 말을 섞는 것입니다. 섞이는 중에 서로 엉키거나 난반사하면서 과거와 미래가 구분되지 않는 무의식 전체를 건드리기도 합니다. 건드려진 것들은 여러 표상 체계를 거쳐 나오면서 인간의 말로 안정화되는 법인데, 더러 쉽게 안정화

　　　　　　　　　　　

될 수 없는 것들조차 표상의 벽을 뚫고 나옵니다. 바로 이것이 계시의 기별이자 좋은 상상력이 됩니다. 거기서 우리는 타자와 신의 음성을 엿듣는 은혜를 입습니다. '응해서 말(답)하기'란 성가시고 집요한 노동을 요구하면서도, 이처럼 멀리서 밝아오는 희망을 영접하는 일이기도 합니다.

　생활공부와 현명한 관념론의 길

1. 하○권

"연극적 실천이 가장 좋은 삶"이라는 것을 장숙 강연과 선생님 저술에서 많이 접했습니다. 연극적 실천이라는 개념도 익숙하지 않지만, "연극적 실천이 가장 좋은 삶"이라는 주장에는 어떤 기준들이 전제되어 있습니까? "가장 좋은 삶"의 판단 기준(윤리적·미학적·실존적 기준)은 무엇이며, 그 기준 속에서 왜 '알면서 모른 체하기'를 탁월한 연극적 실천으로 간주하시는지요?

㉮ '연극적 실천'이라는 개념의 도드라진 특성으로는, 우선 일관성이 있고, 다른 하나로는 (서로 연관된 것이긴 해도) 심리적인 곡절과 변덕을 넘어서려는 의지를 들 수 있습니다. 연극을 하고 있는 배우라면 제 기분대로 그만둘 수 없기 때문이지요. 제 기분이나 변덕을 누르고 자기 역할을 지며리 실천하는 게 곧 연극적 수행입니다. 그 수행이 지극해지면 연극과 현실의 구분은 사라지는데, 바로 이 불이不二를 얻는 게 궁극적인 목적입니다.

㉯ 인생을 이렇게 연극적 형식으로 살아간다는 것은 무슨 뜻일까요? 우선 그것은 '선택'에 뜻이 있습니다. 주어진 대로 사는 게 아니라 내 공부의 성취로 얻는 자득과 희망에 따라 새롭게 구성된 삶의 양식을 선택한다는 것이지요. 이를 달리 말하자면, (『세속의 어긋남과 어긋냄의 인문학』이라는 책을 쓰기도 했지만) 세

　　　　　5강 2025년, 응해서 말(답)하기

속의 어긋남에 수동적으로 떠밀리면서 사는 것이 아니라 내가
정한 생활양식과 응하기의 지혜로써 세속을 능동적으로 어긋낼
수 있는 길을 택하는 것입니다. 어긋나는 삶에 떠밀려 사는 게
아니라 내가 정한 연극에 의해 (체계와의 창의적 불화라는 맥락에
서) 적극적으로 어긋낼 수 있는 삶의 형식을 택하는 일이지요.

㉰ 일관성이란, 이처럼 능동적·창의적으로 세속을 어긋내는 새
로운 삶의 양식이 열매와 자득을 얻도록 지속시켜가는 일입니
다. 매사 규칙적인 반복을 통해 또 하나의 역치閾値를 통과하는
생활 패턴이 생기고, 이로써 스스로 마음의 경계를 바꾸면서 지
혜와 중도中道를 얻어갈 수 있기 때문입니다. (삶의 일관성과 그
의지라면, 신채호, 김구, 여운형, 안재홍, 김창숙 등과 같은 독립운동가
의 여일한 모습을 연상해도 좋겠습니다.)

㉱ 나는 이렇게 구성된 삶의 총체를 가장 아름답다고 봅니다.
내가 희망하는 삶을 위해 필요한 생활양식을 선택하고, 이 길을
지며리 밟아가면서 자득을 얻고, 지혜와 중용과 자비를 실천하
는 삶, 말이지요. 한편 '알면서 모른 체하기'는 내 공부론에서는
지극히 중요한 개념이지만, 여기서는 잘못 배치된 느낌이 드는
군요. 연극적 실천은 의지의 문제이지만 알면서 모른 체하기는
(하이데거의 표현을 빌리자면) '비의도Nicht-Wollen'의 영역입니다.
다만 비의도의 주체일 수 있는 무의식을 일종의 '무대적 존재'

　　　　　생활공부와 현명한 관념론의 길

라고 해석해볼 수는 있는데, 왜냐하면 그것은 인간의 의식이라는 무대를 빌려서 대체적代替的으로 자신을 표현할 수 있기 때문입니다.

2. 김○정

장숙강 48회 '사상이란 무엇인가' 강연에서 말씀하셨던 종교와 예술의 문제 및 그 나아가야 할 방향에 대해 더 자세히 들어보고자 합니다. 「그림자 없이 빛을 보다」 26쪽에서 금지와 배제는 에고의 욕망에 접근하는 가장 손쉬운 길이라고 하셨는데, 이 부분에 대한 설명도 더 들어보고 싶습니다.

㉮ 종교나 예술은 종종 정치적 현안으로부터 소외되기 쉽습니다. 얼마간 비정치적 자유에 대한 자기변명을 내함하고 있는 영역이기도 합니다. 심지어 '소외는 나의 힘'이라는 식으로 역설적인 창의성을 부리기도 하지요. 예를 들어 모차르트는 그의 재능과 기질상 아버지의 바람과는 달리 상류사회에 쉽게 편입될 수 없었습니다. 그는 '궁정의 아첨꾼'으로 변신할 수는 없는 사람이었지요. 그는 '자신의 의지와 무관하게 음악적 영감이 꿈 속으로부터 마구 솟아오르는' 천재였기 때문입니다. 그와 같은 사람은 정치적 권력으로 제어하기 어렵습니다. 그러나 이는 그가 정치적이었다는 뜻이 아닙니다. 노르베르트 엘리아스는 그를 평해, "모차르트의 비극은…… 개인적으로나 창조적 작업에 있어서 순전히 혼자 힘으로 사회 권력 구조의 벽을 부수려 했다는 데"* 있었다고 했지만, 내 판단에 그의 저항은 정치적인 것이라기보다 다분히 기질적이며 성격적인 것입니다. 궁정 귀

                                    생활공부와 현명한 관념론의 길

족들의 주문과 그 취향에 동화되면서도 그는 매번 심한 분노와 모욕을 느낍니다. 하지만 그는 "보편적이고 다소 추상적인 인본주의나 정치적 이념에는 아무런 관심이 없었"(모차르트 34)고, "그의 저항은 시종일관 극히 개인적인 투쟁이었을 뿐"(같은 곳)이지요. 종교와 예술, 혹은 사랑을 향한 열정과 재능과 기질이 더러 탈정치화의 변명이 되기도 하고, 심지어 그 재능과 성취가 높을수록 오히려 탈정치를 정당화하는 기제로 작동하기도 합니다. 심오한 지성과 고상한 감성을 지닌 이들이 종종 정치적 선택에서 패착敗着을 반복하는 데에는 나름의 오래된 이유가 있지요. 나는 이러한 문제를 이른바 '자기 구제의 판국'에서 읽을 필요가 있다고 봅니다. 구제는 인격이나 정신의 '통합'과 관련되고, 이는 제 자신의 기질과 재능과 세속적 성취를 내려다볼 수 있는 메타적 비평의 자리를 얻어야만 가능해집니다. 종교나 예술이나 사랑이나 심지어 '연구'만을 향해 코를 박을 게 아니라, 삶과 죽음의 총체를 이해하고 이를 실존론적 전유, 혹은 '선구적 결단Vorlaufende Entschlossenheit'(하이데거)의 맥락 속에서 기약하는 '공부'를 할 필요가 있다고 고쳐 말해도 좋습니다.

㉯ 또 한 가지는 '누림'의 문제입니다. 이는 학인들이 종교와

---

* 노베르트 엘리아스, 『모차르트』, 박미애 옮김, 문학동네, 1999, 28쪽. 이하 '모차르트'로 약칭.

예술과 사랑의 귀착점을 어떻게 고정시킬까 하는 문제이기도 합니다. 이때의 '고정'이란 '양자적 붕괴quantum collapsing'와 비슷한 의미로 읽습니다. 체계에 이데올로기적으로 포박되거나 자본제적 삶의 여러 매개체에 얽혀버리거나 종교나 예술적 환상의 진공 속으로 질주하는 대신, 진선미眞善美의 합체가 일상의 작은 만남과 응하기 속에 표현되는 구체적인 자리들을 확보해가야 한다는 뜻입니다. 이것은 그간 줄곧 강조해온 '모든 것은 인간사'이며 '나는 내 생활'이라는 말과 이어집니다. 내가 특별히 누림을 내세운 것은, 간단히 구매하고 소비할 수 있어 이미 상품이 되어버린 자본제적 경험의 표피에 불과한 '느낌'과 대비시키기 위함이지요. 종교와 예술과 사랑을 특별한 제도와 자본과 능력이 필요한 소비 및 경쟁 행위의 일종으로 여기는 것에 대한 비평입니다. 원칙적으로 사람의 정신이 표현되는 생활 속에서 이 모든 것이 통합되어야 마땅하기 때문에, 이러한 순간순간들을 누림이라는 개념 속에서 사유해보는 것이지요. 이는, 또 달리 말해서, 개인들의 빛나는 순간들이 채록되고 그 빛나는 인문人紋이 실재에 기록되기를 희망하는 새로운 문제와 이어지기도 합니다.

㉯ 수행자들은 수계受戒를 합니다. 수행의 생활 속에서 반드시 지켜야 할 계율을 받아 금지와 배제를 익히지요. 무릇 수행이란 닦고 비우는 법을 배우기에 금지와 배제의 생활은 당연합니

 생활공부와 현명한 관념론의 길

다. 그러나 금지와 배제를 강요당하면 누구든 반발과 저항wid-erstand이 생깁니다. 그래서 곰과 달리 호랑이처럼 저항에 먹혀 동굴을 뛰쳐나오기도 하지요. 이 반발과 저항의 순간은 에고의 욕망을 여실히 들여다볼 수 있는 자리, 혹은 에고의 깊은 아래에 놓인 '그림자'를 짐작할 수 있는 자리입니다. 곪은 자리를 세게 눌러야 고름이 드러나듯이, 금지를 강요하는 바로 그 자리에서 에고의 욕망이 거칠게 솟아나는 법입니다.

　　　　　　　　　　　　　　5강 2025년, 응해서 말(답)하기

3. 허○민

강의 중 "패턴은 진리와 무리無理 사이를 중계하는 일리지평—理之平이며, 이 긴장이 곧 생명력이다"라는 부분에서 큰 울림을 느꼈습니다. '무리'로 흩어지는 것이 '이완[죽음]'인 것은 이해하겠는데, 반대편에 있는 '진리'를 추구하는 것 역시 긴장이 사라진 이완의 상태가 되는 것인지 궁금합니다. 결국 우리가 추구해야 할 것은 고정불변의 '진리' 그 자체가 아니라, 끝없이 흔들리며 균형을 잡는 '일리—理라는 긴장의 과정'이라고 이해해도 될까요?

또, 중도가 긴장의 과정이라면 '나'라는 존재 역시 고정된 실체가 아니라 계속 변하는 '패턴'에 가까운 것 같습니다. 그렇다면 '나는 누구인가'를 규정하고 무엇이 되려고 하는 노력조차 에고의 욕심일까요? 에고에 얽매이지 않고, 삶 속에서 허무에 빠지지 않으면서도 지향할 수 있는 삶의 태도는 무엇일까요? 무엇을 바라보며 이 긴장을 견뎌내야 하는 걸까요?

㉮ 진리를 추구하는 사람은 대개 그 과정을 '이완'으로 여기지 않을 듯합니다. 그 사람은 이로써 삶의 토대나 지남이 될 만한 '단단한' 무엇을 구한다고 여기겠지요. 그러나 "단단한 모든 것은 공기 속으로 스러진다All That Is Solid Melts into Air"라고 말한 작가(다라 매키언)나 철학자(마셜 버먼)도 있지만, 무릇 삶의 지혜

    생활공부와 현명한 관념론의 길

란 그 지혜를 추구하는 정신 자체의 함수이므로, 어린 날에 단단하게 보였던 것이라 해도, 나이 들고 식견이 높아지면서 여전히 단단하게 보이기는 어렵지요. 나이가 들어서도 따개비처럼 단단한(하다고 여긴) 무엇에 달라붙어 있는 모습은 고집이나 애착에 가까운데, '변치 않음을 도모하려는 세속計常之世'에 휩쓸리면서 가상假象과 무상無常에 애착하는 게 곧 어리석음일 겝니다. '끝없이 흔들리며 균형을 잡는 일리一理라는 긴장의 과정'은 현명한 합리성을 구하는 우리네 일상 속의 좋은 모습들 그 자체입니다. 편하게 말하자면 그냥 적당的當함을 말합니다. 이것을 시중時中이라고 해도 좋은데, 『조론』에서 '모든 움직임 속에서 고요함을 구해야 한다必求靜於諸動'고 하듯 '역동적인 중도中度, 中道'를 말합니다.

㉯ '패턴pattern'을 통해 사유하는 것은 매우 적절하고 유용합니다. 나는 항용 이 속에 생명과 삶의 이치가 들어 있다고 봅니다. 정신적 존재로서의 나도 꾸준히 자라가면서 정신의 역치閾値에 따라 그 패턴(정신의 경계와 지형)을 바꾸어나가는 역동적 과정입니다. '나는 누구인가를 규정하고 무엇이 되려고 하는 노력'은 하기에 따라서는 공부의 알짬이 됩니다. 내가 늘 '알기·되기·돕기' 중에서도 '되기'를 가장 중요한 공부의 과제로 여겨왔던 취지가 여기에 있어요. 되기가 있어서 알기에 뜻이 생기고 돕기가 가능해집니다. 되기는 자득의 누적을 통해 정신의

역치를 바꿔나가는 공부이므로 때론 대단한 결의와 용맹정진의 과정이 요구되지요. '모든 것을 내려놓고 있는 그대로에 만족하라'거나 '책을 불살라라!'라는 등속의 말들이 일각에서 유행하기도 하지만, 이는 상대적인 균형 잡기에 불과합니다. 물론 실없는 노심勞心과 과욕은 더러 야물게 제어해야만 하고, 생활을 소외시키고 현실을 현란하게 호도糊塗하는 문자들은 매섭게 준별할 필요가 있습니다.

㉰ 에고는 사회적 적응social adaptation에 최적화됩니다. 물론 적응이나 그 효율성은 정신적 존재인 인간을 무시로 침윤하는 허무에 대한 미봉이자 한시적 대책이 되기도 합니다. 그러나 더 중요한 점은, 사회적 적응의 마지막에는 항용 숨어 있던 허무가 제 얼굴을 들이민다는 것, 그리고 누구에게든 원칙적으로 허무의 사실 그 자체를 완전히 무시할 수는 없다는 것입니다. 허무가 결국 제 에고의 문제이긴 하지만, 그렇다고 해서 이른바 에고를 없앤(!) 경지인 무아無我니 물아일여物我一如니 제법일여諸法一如니 하는 경지, 혹은 『중론中論』에서 말한바 비유비무非有非無의 경지 따위를 지향힌디ᄂ니 하는 애씀도 실은 길게 마음과 생활을 얻을 수 있을 만치 현실적인 대책이 되긴 어렵지요. (30만 년에 이르는 호모 사피엔스의 역사에서 에고라는 통합된 정신의 초점이 생긴 것, 이로써 인류가 이룩해온 문명 문화의 방대한 이력은 결코 가볍게 대할 수 없습니다.) 우리는 모두 생활로 돌아와

　생활공부와 현명한 관념론의 길

야 하며, 구체적인 생활의 실질이야말로 그 모든 공부나 깨침의 잣대가 되어야 합니다. 에고만을 강화하는 사회적 적응의 길도 필경 애착과 허무의 늪을 피할 수 없지만, 누구든 무아 상태만으로 일상을 살아갈 수도 없지요. 그래서 중용과 중도를 말합니다. 성인聖人들은 중용 속에서 지혜를 표현하고 관계의 조화를 구합니다. 삶 속의 중용은 역동적 긴장의 형식을 띱니다. 그리고 공부와 함께 얻은 지혜도 이 긴장에 적절히 응대하는 실력입니다. 아서 케스틀러는 이합bisociation이라는 개념을 통해 다른 체계들 사이의 긴장관계와 그 창의성을 말하기도 했지만, 역동적 긴장의 패턴인 인간의 정신이 역시 역동적 긴장의 패턴인 인간사에 적절히 응할 수 있는 게 조화롭고 현명한 삶입니다. 이와 같은 삶 속에서 실력과 지혜가 쌓이고 중용의 판단과 행위가 이어진다면 그(녀)는 자신의 삶과, 더 나아가 죽음 이후까지를 평온하고 의미 있게 품을 수 있을 겝니다.

4. 김○린

「동무론」과 「집중과 영혼」에서 제시되고 있는 공동체는 인류 역사에서 실험된 공동체가 드러낸 명암의 역사, 그러니까 등장 초기에 큰 반향을 일으키며 당대 사회 속에 뿌리내리고 확산되었던 공동체가 선생(공자, 석가모니, 예수, 마호메트 등등) 사후 세월에 마모되면서 결국 변화시킬 대상인 세속에 되먹임되고 나아가 그 세속을 공고히 하는 뒷배가 되어 사린을 괴롭혀온 역사와 다른 길을 갈 가능성이 있는지요? 있다면 그 근거는 무엇일까요?

선생님의 공동체 실험에 공감되어서 참여하고자 할 때 그 문턱이 저 같은 밑바닥 인생, 그러니까 독해력과 인문학적 소양이 일천한 사람은 감히 다가갈 엄두가 나지 않을 만큼 높다는 점은 어떻게 생각하시나요? 그들만의 리그를 이루었던 공동체는 많이 있어왔지만, 장숙이 나와 이웃을 구제하려는 큰 뜻을 품은 실험이자 움직임이라면 예수 공동체처럼 당대의 밑바닥 인생들이 거리낌 없이 참여할 마음이 드는 곳이어야 하지 않을까 싶습니다. 선생님이 숙인에게 요구하신 공부의 길을 읽고 있으면 여섯 개의 언어는 고사하고 전공 필수도 터득 못 한 저는 죽지도 못하고 이승을 계속 떠돌 신세입니다.

㉮ 동무론의 부제를 '인문연대의 미래형식'이라고 했습니다.

  생활공부와 현명한 관념론의 길

게다가 동무라는 개념도 여느 공산당의 '조직론'처럼 분명하거나 구체적이지 않습니다. 심지어 내가 꾸려온 '장주薔籌'나 '장숙藏孰'과 같은 인문 공동체조차 그 이념을 제대로 구현하고 있는지 확언할 수 없습니다. 나는 체제와의 창의적인 불화의 형식, 인간 정신을 돌보고 자라게 하는 공부의 형식, 동무라는 새로운 관계를 실험하는 장소의 형식으로서 이 인문연대의 꿈을 기록했지만, 거기에는 아무런 경전經典도 도그마도 약속도 쓰여 있지 않습니다. 책을 읽고 실천하는 후학들이 스스로 이해하고 실천 가능한 대로 그 꿈을 현실 속에서 표현할 수 있기를 바랄 뿐입니다. 다시 말해서 나는 내 책을 그저 한 권의 '책'으로 이해하지, 운동의 매뉴얼이나 교재로 구상하지 않았습니다. 나는 내가 펼쳐놓은 이 작은 운동의 미래를 알지 못합니다. 무명無明과 무상無常이 그 진제眞諦인 세속 속에서, 그리고 오해와 왜곡과 과장과 윤색이 오히려 기동력이 되기도 하는 세속 속에서 이 운동의 미래나 순전성을 기약할 순 없지요. 다른 글에서 나는 인간을 '표현적 존재'라고 했는데, 기계적 매체와 조작이 인문人紋의 경험을 무색게 할 수도 있을 미래 속에서나마, 혹여 내 글과 경험을 접하게 될 후학과 독자들이 각자 자기만의 방식으로 인문연대의 길을 표현할 수 있기를 바랍니다.

㉯ '여섯 개의 언어와 전공 필수' 운운한 것은 이미 폐기처분한 것입니다. 체계와의 창의적인 불화를 내세우는 이곳에서마저

체계적인 학제에 실없는 희망을 얹었던 실착 중 하나였습니다. 내가 주로 권면하는 어학 공부(한국어, 한문, 중국어, 일본어, 영어)에도 결과적 성취에 초점이 있지 않습니다. 항상 어학 공부가 열어주는 여러 가능성을 향한 의욕을 잃지 말고 꾸준히 살려나가야 한다는 점을 강조한 것이지요. 인문학이란 언어성Sprachlich-keit을 유일한 아우라로 삼는 실천이니까요. 이는 우선 인문학이란 언어를 배우는 일이라는 기초적 사실에 유념해야 한다는 점을 강조하는 취지가 있습니다. 외부에서 이 작은 학교를 구경하는 이들이 혹간 외경이나 위화감을 느끼기도 하지만, 내가 꾸려가고 있는 대안 학교의 주된 요건은 재능이나 소양이라기보다는 '태도'일 뿐입니다. 어울리면서 함께 공부할 수 있는 학인으로서의 의욕과 성실성, 그리고 사람과 사람 사이에서 필요한 기본적 예의와 배려 정도를 요구할 뿐입니다.

5. 재랑

다음은 『집중과 영혼』 48. 예yea, 예禮, 예藝에 나오는 내용입니다.

"내 잠정적인 제안은 긍정과 복종의 정신 및 태도인 예yea를 되찾는 것이다. 그리고 이 정신과 태도를 적절한 예禮로써 대변하는 사회적 자아의 형식들을 구성하는 것이다. 마지막으로는, 집단적 도덕이 개인적 윤리를 통해 완성되는 것처럼 이 사회적 자아의 공적 형식들이 개인들의 개성적 미학藝으로 승화, 개별화, 정교화해나가도록 배려하는 것이다."(942쪽)

"예yea를 제고된 예禮를 통해 현실적으로 구체화하고 이를 다시 예藝의 경지로까지 끌어올려 각자 자신의 삶을 '윤리적'(공동체의 도덕을 개인의 공부가 표현해내는 생활 미학이 전유한 방식)으로 조형할 수 있어야 할 때가 온 것이다."(945쪽)

위의 글에서 변신과 성숙의 길에 나선 이들에게 '예-예-예의 삼중 고리'를 제안하셨는데, 세 단계의 '예'가 접속되는 지점의 구체적, 현실적 풍경으로는 어떤 것들을 떠올리면 좋을지요?

㉮ 동무 둘이 만나서 차담茶談을 나눈다고 상상합니다. 그중 A는 차에 대해 해박하고, 긴 세월 차를 마셔오면서 이를 육체적인 자기 배려나 정신적인 함양涵養의 실천으로 여겨왔지요. A

가 차를 내립니다. 능숙하고 무심하게 차구茶具를 부립니다. B
는 A의 수고에 답하고 그 솜씨에 응하듯이 조심스레 찻잔을 들
어 차를 음미합니다. B는 조용히 찻잔을 놓으면서, 시절의 풍
경을 가볍게 묘사하거나 차시茶詩의 한 구절을 회상해내기도
합니다. A는 그 시를 만나는 감회를 담은 담박한 문장으로 응
수합니다. 서로 차 한 모금을 마시면서 상대의 모습과 그 너머
를 곱게 봅니다. 조용한 하늘이 유난히 푸릅니다. 서로의 가슴
에 가만한 '누림'이 생겨납니다. 이 누림들은 에이브러햄 매슬
로의 지고체험Peak Experience의 소략한 판본이라고 해도 좋지요.
누구나 한순간이나마 자신의 에고에서 벗어나 초월성의 차원에
참여할 수 있습니다. 세 가지 예를 거쳐 일상 속의 작은 자유와
초월에 근접할 수 있지요.

혹은 여자와 남자가 함께 걷습니다. 둘 다 늙었으나 그닥 젊음
이 부럽지 않아졌습니다. 서로의 장단과 음영을 알고 있는 터
에 오히려 대화의 들·썰물에서도 조심을 잃지 않습니다. 조
심히 걷고 조심히 응하고 조심히 판단합니다. 그러나 그 조심
은 단단한 중심을 가지고 있어 아무런 불안이 없습니다. 불안
도 억압도 없이 펼쳐지는 대화의 자락들은 유쾌합니다. 그 작
은 자락마다 각자의 긴 공부와 경험이 결절結節되어 있어 곱씹
을 만합니다. 더불어 진행되는 그 보조步調 속에는 서로 따르고
이끄는 순간순간의 윤리가 있고, 그 윤리가 구체화되는 몸의 동
작은 나이만큼 느리고 나이만큼 노숙老熟합니다. 서로를 대하고

　　　　　　　　　생활공부와 현명한 관념론의 길

배려하는 솜씨에는 더불어 걸어온 긴 세월의 온축 속에 생긴
자유함이 있습니다.

6. 이○희

자기를 구제하면서도 관계에 응할 수 있는 마음은 어떻게 다져질 수 있을까요? 지금은 두 길이 멀리 떨어져 있어 보입니다.

㉮ 두 길을 인위적으로 이어 붙일 필요는 없습니다. 우선 위기지학의 엄정함은 그것대로 이해할 필요가 있지요. 이 엄정함을 통과하면서, 동시에 이웃들과의 관계를 새롭게 이해하고 실천할 수 있는 다른 마음의 경계가 생길 것입니다. 원칙적으로, 그리고 불교식으로 말하자면 보살_{菩薩}이란 이미 부처를 겪은 사람이며, 그 겪음을 통해 자비행을 피할 수 없는 것입니다. 응하기로서의 자비행은 보살에게는 자연스럽습니다. 지혜에서 자비가 절로 생겨나듯이, '되기'의 공부에 철저했던 사람이라면 그의 앎은 이미 이웃을 향한 응하기/돕기의 실력과 지혜로 다져져 있을 겝니다.

한편 우리의 일상은 수없는 응하기이므로, 응하기의 길을 우회한 채 자기 구제의 길을 향해 직진할 수는 없습니다. 이론과 실천의 변증법적 통일과 지양_{Aufhebung}을 말했던 이들이 있었지만, 응하기와 되기(자득)의 과정은 소외 없이 서로 맞물려들어가야 합니다. 바로 이 과정이 공부의 전체가 생활을 통해 자신을 증명하는 곳입니다. 자기 구제(되기)와 응하기(돕기)의 실천은 서로가 서로를 시험하고 강화하는 긴 과정입니다.

   생활공부와 현명한 관념론의 길

7. 단빈

맡은 일이 있어 마지못해 참석하게 된 자리가 있었습니다. 이전에도 몇 번 참석한 적이 있는데, 이미 유대가 형성된 그들 사이에서 저는 물 위의 기름처럼 고립되어 있었습니다. 그런데 이번에는 의무감으로 온 자리임에도 마음이 편안해 대화가 자연스러웠습니다. 말이 오가는 중에 여러 명이 동시에 제 고민에 맞는 실질적인 대안을 제안해주었습니다. 별다른 친분 없는 이들로부터 생각지도 못한 유용한 팁을 얻었고, 그 우연한 만남을 계기로 저는 작은 실천들을 이어가게 되었습니다. 이 모든 과정이 신기하기만 했고, 그때 장강에서 들었던 "누적적 계기론"이 떠올랐습니다. 선생님께서는 계기를 '의식의 노력에 의해 준비된(활성화된) 무의식이 어떤 정보를 지닌 우연성(타자)과 만나는 사건'이라고 정의하셨습니다. 제 짧은 경험을 계기의 생성으로 보는 것은 자의적인 해석일까요? 같은 사건을 누군가는 '계기'로 삼고, 다른 누군가는 '그냥 일어난 일' 정도로 여길 텐데, 전자와 후자 사이 마음의 지형과 자기 이해 방식의 차이는 무엇이라 할 수 있을까요?

㉮ 그들이 어떻게 이해하든 별 상관이 없지요. 알아보지도 않은 채 자기 식대로 이해한다는 말은 곧 오해를 자초하겠다는 뜻이기도 합니다. 실은 알면 알수록 '완벽한 우연'이란 없다는 사실에 차츰 눈뜨게 됩니다. 우연처럼 보이는 사태와 사건들도

사실은 내 의식과 식견의 외부에서 이미/늘 작동하고 있는 '숨어 있는 정보'(왓슨), 원형(융), 무의식, 인연의 업장, 사건의 순차성(카머러), 혹은 역사구조적 계기 등등에 의해 쉴 새 없이 영향을 주고받습니다. '누적적 계기론'은 이 같은 상호 연관성의 긍정적 차원을 정리한 것입니다.

'생각지도 못한 유용한 팁'이라는 것을 완전히 타인의 것이라고 여길 필요도 없습니다. '생각지도 못한'이라는 말은, 당연히 '나의 외부에서 온'이라는 의미로 쓰이기도 합니다. 다른 한편, 이 '생각지도 못한'이라는 말의 역시 생각지도 못한 의미는 내 생각의 외부인 무의식의 무한으로부터 역·퇴행적逆·退行的으로 소환된 것이라는 뜻이기도 합니다. 그러니까, 만남이 유용해지는 일의 원인은 안팎에서 동시에 캐낼 수 있고, 어쩌면 그 안팎이 줄탁동시啐啄同時하는 형식으로도 상상해볼 수 있습니다. 고쳐 말하자면, 적시와 적소에서 필요한 도움을 얻는다는 것을 대개 외부에서 찾아오는 우연으로 여기곤 하지만, 다른 한편 내 스스로의 무의식이 적절한 계기들의 누적을 통해 활성화되고 마침내 투사된 사건으로 볼 수도 있습니다.

8. 숙비

『한국적 교양의 실패와 여자들의 공부론』 1장 「식당의 인문학」을 보면, "'선진'이란 무엇보다 정신이고 기풍이며, 문화고 행태며, 사회적 신뢰이고 인문학적 감성"(11쪽)이라는 말이 나옵니다. 이와 반대로 우리 사회는 (GDP와 같은) 물질적, 정량적 평가를 기준으로 하여 선진을 말하고 있습니다. 저는 이 사이의 거리가 먼 만큼 인문이 선진화하는 길 또한 요원하다고 생각합니다. 물질적 총량을 따라가지 못하는 정신/마음의 지체와 함께, 사람을 마주하는 감각의 소실이 일상이 되어가는 21세기 한국 사회에서, 예의 복원(물론 시대상에 적절한 중용의 예로서이겠지만)이라는 말이 함의하는 바가 더 의미심장해집니다. 이미 강의와 책으로 충분히 설명해주셨지만, '만일 그곳에 예가 있다면'이라는 말에 경도되어 다시 한번 여쭙습니다. 사람 사는 사회에서 예란 무엇일까요?

6장 「'윤석열 현상'과 한국적 교양의 실패」에서는 "우리 역사에 대한 잘못된 이해와 실천에 따른 시대적 부하負荷, 그 파생상품인 천민자본주의적 무교양에 대해서 "국가가 실패한 자리에 학인 개인이 다르게 개입한다"는 가능성을 구체화시키면서 시민으로서의 학인, 혹은 학인으로서의 시민學民이라는 새로운 주체가 '되는' 일이다"(172쪽)라고 하셨습니다. 제게는 이 "학민"이라는 어휘가 무척 흥미롭습니다. 세속과 공부자리를 오가며, 이미 공부자리에 삼투압

   5강 2025년, 응해서 말(답)하기

되어 있는 세속, 그리고 이미 학인됨으로 구성된 시민이 관여하는 세속의 자리가 '학민'으로서 종합되는 듯하여 '사이존재'로서의 이름을 갖게 된 것 같기도 합니다. 그러면서도 제 분법으로는, 학인으로 쏠리는 마음의 지향은 어쩔 수 없어, 사회살기의 꾀로서의 '학민' 되기를 상상해보기도 합니다. '학민'에 대해 좀더 해주실 말씀이 없으신지요.

7장 「여자들의 공부론」에서는 "리비도의 우회적 가공과 배분의 전문가이자 사생활의 유려하고 질긴 조율사, 그리고 낮은 자리에 숨어 있는 미학적 대상의 섬세한 완상자인 여자들은 결국 가부장적 '땅따먹기 주체'가 아니라 새로운 '누림의 주체'에 박진한다"(183쪽)고 하셨습니다. 저는 이 문장을 읽으며 여성에 대한 새로운 말, 여성 밖 타자의 시선에 읽힌 여성의 가능성, 혹은 여성 주체의 표상으로서 '누림의 주체'인 여성을 만났습니다. 사적 영역의 인간으로 분배되어 살아온 여성의 일과 기능, 생활의 소사가 재서술되는 기쁨도 만났습니다. 그럼에도 불구하고 여성 학인들이 당면한 자기계발(개성화), 혹은 나보다 더 큰 나로의 이행 과제가 있을까요.

㉠ 도度, 즉 정도에 맞는 것을 예禮라고 해야 합니다. 과거의 예는 주로 신분제에 따른 복잡함에 기인하지만, 지금의 세상은 신분제가 없고 남녀의 구별을 개의치 않으며 일의 객관적 효용을 최고로 치기 때문에 예가 간소화되는 것은 당연합니다. 그

    생활공부와 현명한 관념론의 길

래서 시세와 사세를 좇아 적도適度를 좇아갈 수밖에 없습니다. 이와 함께 사람의 일은 변하기 마련이고 도度 또한 변합니다. 그래서 비평과 새로운 타협의 과정을 통해 새로운 적도를 구하게 되는 일 역시 피할 수 없습니다. 또한 적도라고 하더라도 (자기 나름의 어떤 이유로) 이를 지키지 않(으려)는 사람에게 예를 강요할 수는 없습니다. '강요'만큼 예의 정신에서 먼 것도 없기 때문입니다. '예yea·예禮·예藝'라고도 했듯이, 예는 인정과 자발적 복종yea에서 우러나와 마침내 미학적 완성藝을 드러내기도 합니다.

㉯ 학민은 민중을 공부의 주체로 상상해본 것입니다. 그러나 이것은 실질적으로 가능해 보이지 않습니다. 내 판단에, 민중은 세속을 구제하는 주체가 아니라 언제나 세속 그 자체입니다. 나처럼 민중 속에서 희망을 읽어내지 않는, 뜻志으로는 공동체주의자이면서도 기질로는 자유주의자의 일종인 사람이 진지하게 거론할 바는 아닌 듯합니다. 내가 말하고 더불어 실천해온 공부는 역시 소수 '학인'들의 것이고, 가게에 진열된 상품처럼 섣불리 손댈 수 있는 것은 아닙니다.

㉰ 여성들이 견뎌온 기나긴 세월을 '억압당한 채 사적私的 영역으로 내몰림'이라고 압축한다면, 여성들이 지닌 장단과 음영을 금세 알아챌 수 있습니다. 그리고 이런 판단에 의해 '당면한 자

기계발'의 과제를 상정해볼 수 있지요. 소소한 억압의 조건에서 벗어나 독립하려면 공사를 구분하는 감각과 언어를 익히는 게 주효합니다. 공공심을 갖추지 못한 채 독립만을 요구하는 것은 기초적 시민의식에서도 결격이겠지요. 이미 남성에 비해 언어성이나 공감력이 뛰어난 여성은 이 소양을 십분 발휘해 공적인 대화 자리에서 필요한 여성주의적인, 여성적인, 혹은 조화롭고 통합적인 시각과 실천을 유도할 수 있겠지요. 또한 이런 과정에서 남성들의 저항을 피할 수 없으므로 역시 여성들의 전통적인 특장인 꾀와 인내심이 요긴할 것입니다.

9. 여일

"길게 걸어서 구원을 얻을 수 있다면 그 비밀은 무엇일까? 누구와 함께 걸었기 때문이었을까. '어디'를 향했다는 데에서 그 긍경肯綮을 찾을 수 있을까…… 혹은 다만 '어떻게' 걸었기 때문이었을까?"(『차마, 깨칠 뻔하였다』 115쪽) 어느 날 선생님께서 꿈을 꾸었는데, 여러 명의 후학이 손에 손잡고 둥글게 둥글게 하면서 '나침반을 찾자~ 나침반을 찾자~' 하며 노래를 불렀다. 제게는 이 두 가지 내용이 연결되는 듯해 질문드립니다. 공부와 관련해서 말씀해주셨으면 해요.

㉮ ('길이요 진리요 생명이다'라는 종교적 표현도 있듯이) 흔히 '진리는 길道'이라고 하지요. 길이 끝나는 자리에서 발견할 어떤 고정된 무엇이 있다는 게 아니라 길 자체를 진리道라고 부릅니다. 이것은 우리의 공부길이 '발견'이나 인식이나 확신 등속을 위한 방식이나 절차라기보다 오히려 공부=길이라는 사실, 즉 공부라는 이름의 길 자체가 곧 공부의 전부이며, 이 길 위를 쉬엄쉬엄ㅅ, 착실히ㅅ 걷는 행위 자체에 공부의 비밀이 있다는 뜻입니다. 여기서 '비밀'은 무엇일까요? 그것은 공부론에서는 결코 아무런 비밀이 아닌 '되기'입니다. 일정한 방식을 택하거나 일정한 절차를 거친 후 천국에 입장하거나 신神과 만나거나 정금같이 단단히 빛나고 있을 사랑이나 진리의 표상을 발견하는

　　　　　5강 2025년, 응해서 말(답)하기

게 아닙니다. 길고 꾸준하게 길을 걸었을 뿐이지만, 어떤 방향을 향해 멀리, 꾸준히 걸었다는 그 사실 덕에 그의 존재가 바뀌었다는 게 바로 비밀입니다. 그(녀)는 어느새 '되기'의 주체가 된 것이지요.

 생활공부와 현명한 관념론의 길

10. 독하

'한국적 교양의 실패'를 다른 맥락에서 '인연으로서의 공부'인 경사법敬師法과 엮어 살펴보게 되었는데요. 근현대사라는 곡절 많은 역사 속에서 본받을 만한 어른들이 사라지면서 근근이 맥을 이어오던 경사법이라는 옛 공부 형식은 청산되고 말았습니다. 자유와 평등의 시대에는 많은 공부 모임이 이뤄지고 있음에도 '실력(현명함) 앞에 복종'하는 장숙과 같은 경사법으로서의 공부 자리는 드문 것 같습니다. 정신의 맥을 잇는 공부로서 장숙은 여타 방식의 공부와 유다른 장점이 있을 것 같습니다. 선생님이 삶을 통해 체감한 사례들과 엮어 말씀해주시면 좋겠습니다. 더불어 장숙의 공부를 시작으로 '국가가 실패한 자리에 학인 개인이 다르게 개입'함으로써 장숙과 같은 공부 자리가 곳곳에 리좀처럼 번져나가길 바라시는지도 궁금합니다.

이어서 몽양 선생에 관해 배우면서 상반되는 장면이 떠올라 질문드립니다. 임시정부를 비롯해 여러 조직에 적을 두고 활동한 몽양 여운형 선생은 자신의 실력(현명함)이 권력(?) 투쟁 과정에 묻혀 수용되지 못함으로써 조직 장악에 실패하는 모습을 보입니다. 이에 반해, 일본이라는 적국에서 펼쳐진 연설과 대담에서는 몽양 선생의 실력 앞에 패배를 인정하고 공대하는 일본인들을 볼 수 있습니다. 이 상반된 장면을 통해 '우리가 실패한 자리'를 문인상경의 폐해에서 찾아볼 수 있을 것 같은데요. 정적을 처리하기 위해 말로 왕이라는 대타자를 매개한 문인의 역사를 지닌 한국인과 사무라이 정신을 바탕으로 오롯이 자신의 실력으로 적과 상대해온 역사를 지닌 일본인과의 차이라고 볼 수 있겠습니다. 이런 차이가 전통의 청산과 맞물리면서 경사법으로서의 공부가 사라진 것이 상관관계가 있을 듯한데요, 어떤지요?

㉮ 알다시피 '장숙'의 공부는 여러 특징을 지니고 있습니다. 그중에서도 가장 중요한 것은 '동무론' '되기' '알면서 모른 체하기' '자기 구제' 등과 같은 개념에 집중되어 있다고 여겨집니다. 동무론과 알면서 모른 체하기가 내적 특이성에 해당된다면, 되기와 자기 구제는 외부에도 소개하거나 전파할 수 있는 다소 보편적인 성격을 띱니다. 특히 자기 구제의 공부는 학술과 수행이 서로 버성기는 자리를 파고들어 실용적, 실존적으로 종합하면서 공부길의 '끝판'을 구성해내려는 일련의 애씀입니다. 이런 식의 문제의식이나 실천이 경사법敬師法과 관련된다는 지적에는 일리가 있습니다. 합리적인 학술이나 전통이 깊은 수행의 세계에는 이미 공인된 학교와 교과서들이 있고, 관련되는 경험조차 대체로 조리 있게 수합收合되거나 정리되어 있지요. 그러나 '되기'와 '자기 구제'를 지향하는 장숙의 공부는 아직 효험이나 실용성을 충분히 증명받지 못한 신흥의, 비인가·미등록의 작은 학교이므로, 학인들을 체계적으로 인도해줄 교재나 방

                                생활공부와 현명한 관념론의 길

식이 확립되어 있지 않습니다. 당연히 여기서는 이 길을 주창主唱하고 실천하고 있는 선생의 존재가 결정적일 수밖에 없지요. 법이 없는 자리에서 입법적인 노릇을 혼자 해야 하는 사람의 걸음은 얼마나 불안하고 위태로울까요. 이 사실은 장숙이라는 공부처의 불안한 미래와 새로운 가능성을 동시에 드러냅니다. 실로 이 길에 동참하는 모두가 걸으면서 더불어 밝아지지 않으면 도무지 가능한 길이 아닙니다. '(학인들의) 동참'이라고 했지만, 이는 경사敬師라는 말의 이면을 가리키는 것이기도 합니다.

㉯ 몽양이 도쿄에 초청받아 단신으로 이루어낸 외교적 성취를, 해방 이후 다대한 명망에도 불구하고 그의 정치적 입지가 줄어든 사실과 맞비교하는 것이 적절한지 분명치 않습니다. 해방 정국의 정치는 대단한 권력 투쟁의 무대였고, 큰 판돈이 걸린 싸움이었으며, 공작과 매수와 협잡과 심지어 폭력까지 불사했기 때문에 단지 '문사 기질'의 문제로 처리하기 어려운 면이 있습니다. 또 몽양이라는 기묘한 현상을 특별히 경사법과 유의미하게 관련시키는 것도 쉽지 않아 보이는군요. 다만 경사법으로서의 공부가 사라진 이유는 타율적(일본식·미국식) 근대화를 통해 교육 체계가 마치 청야淸野 작전을 벌이듯 개편되었고, 이로써 사람의 정신적 가능성과 개입을 체계적으로 막는 객관성의 이념과 컨베이어 시스템이 학제를 완전히 지배하게 된 것 등을 지적할 수 있겠습니다.

　　　　　5강 2025년, 응해서 말(답)하기

11. 지린

관심은 일종의 씨앗이며 작은 관심이 모든 일의 출발점이라고 하셨는데요, 일상생활에서 의식적 관심을 호기심 및 호의와 구별하는 것이 어렵습니다. 애써서 도우려 하지 말라고 한 것 역시 곧장 크게 관심 두지 말라는 말과도 연결되어버립니다. 또 공부는 집중과 책 읽기 두 가지라고 배웠는데, 이 공부법은 있는 관심을 소거하는 쪽으로 향하는 것 아닐까 하는 생각이 들기도 합니다. 선생님께서 이야기한 "우주의 씨앗으로서의 관심"을 이해하기 어려웠습니다. 이 관심은 어디에 어떻게 있는 것일까요? 또 해롭지 않고 도움 되는 관심은 어떻게 형성되는 것일까요?

㉮ 호기심도 관심에서 생기고, 호의도 관심과 무관치 않지요. 정신세계에서 관심의 보편성은 마치 현상학에서 '의식의 지향성Intentionalität'처럼 근본적입니다. 관심을 강조한 것은 정신진화론의 관점을 내세우기 위함입니다. 정신의 진화라는 현상, 혹은 역사에서 볼 때 그 첫 기동起動이 곧 관심이라는 말입니다. 정신으로써 만들어가는 세상의 전부에는 마치 원자처럼 관심이라는 게 작동하고 있습니다. 실재에 관한 관념론적 이해를 자주 언급했는데, 이런 식의 관념론이 작동할 수 있는 근본 배경에도 관심으로써 구성된 정신의 세계에 대한 믿음이 있습니다. 이 문제에 관해서는 결국 정신과 우주 간의 근원적 일체감이나

   생활공부와 현명한 관념론의 길

동조同調에 관한 논의가 더 필요하겠지요. '우주의 씨앗으로서의 관심'이란, 전술한 것처럼 정신과 공진화하고 있는 우주라는 전제가 성립한다면, 정신세계의 원자가 관심인 것처럼, 이 정신세계와 한 몸의 다른 측면을 이루고 있을 물리적 우주도 관심이 그 원자(씨앗)가 될 수 있다는 상상입니다. 관심은 무슨 새로운 형이상학적 실체가 아니라 내 마음, 정신이 가장 낮은 차원에서 기동하고 있는 움직임입니다. 우리가 늘 사용하는 말인 '관심'과 별 차이가 없어요. 돌려서 말하자면, 공부와 수행에서 집중을 특히 중요시하는데, 그것은 집중이 곧 관심의 가장 순수한 형태이기 때문입니다. 정성精誠이라는 말이 있지요. 정精은 순수하고 뛰어난 정수精髓를 가리키는데, 도움이 되는 관심이란 정성精誠, 곧 그 내용을 사상한 채 순수하고 뛰어난 형식으로 유지되는 마음의 기울임을 뜻합니다. 일이 생겨서야 비로소 응하기의 모양을 갖추는 마음을 상상해본다면, 그런 마음이야말로 있기도 하고 없기도 한 셈인데, 그 이유는 그 마음이 정精하고 소素하기 때문입니다. 과거에 '곱게 보기'라는 실천을 실험해본 적이 있어요. 이것은 타인을 대할 때 내 시선의 모습, 그 기본적 관심이 어떠해야 하는가 하는 문제의식에서 촉발된 것입니다. 표정이나 시선은 이미 내 오랜 삶의 이력을 통해 결정된 것이기도 하지만, 관심에 대한 새로운 이해와 훈련을 거쳐 어느 정도 교정할 수도 있기 때문입니다.

거인들은 왜 사라졌는가?
─육당, 춘원, 그리고 좌옹

거인의 자질과 품격은 '자신의 에고에 결박되지 않는 어떤 삶의 일관성을 보이는 존재'에서 시작됩니다. 그리고 현대의 가장 특징적인 사태는 우리 주변에서 더 이상 이런 존재를 만날 수 없다는 것입니다. 비록 시대의 구조적 특이성이 이런 존재의 주형鑄型이었다고 해도 우리 시대 거인들의 부재가 온전히 설명되지는 않습니다. 여기에 공부로써 자신을 변화시키고자 하는 학인들의 고민이 응결됩니다. 경쟁과 선발의 콜로세움으로 변해버린 학교, 그리고 과학과 인문교양에 등을 돌린 수행처들이 서로를 소외시킨 자리를 외려 새로운 공부 터로 삼아온 우리는 늘 '정신은 자란다'라는 취지 아래 다시 '인간을 찾아나서는' 긴 실천을 지속하고 있지요.

이번 강의에서는 '거인들의 소멸'이라는 화두를 품고, 육당 최남선, 춘원 이광수, 좌옹 윤치호를 탐색합니다. 셋은 일제 식민지 치하의 왜곡된 생활이 낳았던 가장 고명한 친일파입니다. 항용 친일, 혹은 변절은 매섭고 분명한 낙인이 되어, 그 인간 전체를 이데올로기적 올가미로 동여매고 낚아채 다른 논의의 중층들을 가립니다. 더불어 평자의 개입과 그림자는 감춰지고, 역사의 법정에 송두리째 내던져진 그들은 생생한 생활의 이면과 내심을 박탈당하곤 합니다.

거인이 될 뻔했던 이 셋의 사연을 재구성하고, 각각 '학연學研의 욕망' '다정다감함' '부끄러움'이라는 비非학술적 추정을 통해 이들을 다르게 이해하고자 합니다. 반면교사가 될 이들 거

벽의 안타까운 실착을 살피며 미래의 거인들이 돌아오기를 고
대해봅니다.

1. 거인들은 왜 사라지(졌)는가?

최소한으로 정의해본 거인이란 결국 자신의 에고에 결박되지 않는 어떤 삶의 일관성을 보이는 존재라고 할 수 있다. 이 논의에서 거론되는 에고란 '변덕스러운 생각의 주체'이므로 일관성을 지적한 것은 자연스럽다. 에고는 변덕스럽기도 하거니와 다른 한편 쉬 애착에 빠져 허우적거린다. 그러므로 삶의 일관성은 변덕만을 손가락질하는 게 아니다. 그 일관성이 정서적 애착이나 이데올로기적 충실과 다른 이유는 그것이 윤리적 선택에 터하기 때문이다. 그래서 그것은 종종 애증愛憎을 넘어서는 연극적 실천을 요구한다. 그러니까, 그 일관성은 힘써 배운 것이다. 이 윤리가 보편성을 띠면 더할 나위 없겠지만, '많은' 사람의 공감을 불러일으킬 수 있는 정도라면 족하다.

이런 식으로 설명해본 거인은, 그러면 왜 사라지(졌)는가? 당연히, 앞의 정의에 따르면, 이제는 우리 모두가 에고에 결박되어 살아가고 있기 때문이다. 혹은 근자에 내 강의에서 애용하는 표현을 빌리자면, 우리 모두가 '시시한 에고'*의 하수인이 되었기 때문이다. 에고가 변덕스럽고 애착에 무력하다면, 사르

---

* Alexis De Tocqueville, *Democracy in America*(New York: A Mentor Book, 1956), p. 184. 토크빌은 '시시한 에고a very puny object, namely himself'의 배경을 평등의 이념에 터한 (미국식) 민주주의라고 말하고 있지만, 나는 이 지적에 동의하면서도 이를 주로 자본제적 삶의 형식과 연동해서 풀이하는 편이다.

트르가 '본원적 선택choix originel'이나 '최초의 기획projet initial'이라 부른 것과 같은, 스스로 선택한 삶의 기획에 필요한 견실한 동력과 지향성, 그리고 책임성을 유지하지 못할 것이다. 변덕에 떠밀리고 애착에 지쳐 살아가는 에고라면, 그리 멀지 않은 과거의 인물인 장준하(1918~1975)나 조영래(1947~1990)조차 아득한 신화적 이물異物처럼 느껴질지도 모른다. 그러나 이는 단순히 지사적 지식인의 몰락만을 뜻하지 않는다.

변덕과 애착은 우선 자본제적 현대를 살아가는 가족중심적 소비자의 행태에 특징적이다. 괴테의 『젊은 베르테르의 슬픔』(1774)과 같은 작품의 출간과 그 대중적 반향을 두고 '명예의 시대'가 끝나고 '사랑의 시대'가 도래했다고 평한 이들이 있지만, 명예와 사랑 사이의 대체代替란 역시 개인주의가 부상했던 사회 변동과 뗄 수 없는 관계를 맺는다. 다른 한편, 이와 관련해서 서양에서 소설이 대중적인 문학 형태로 자리 잡은 18세기는 도시의 상인 부르주아 계층이 재부의 축적과 소비를 통해 새로운 주체로 등장한 시기였는데, 이 역시 근대적 개인주의화의 추세와 별개의 것이 아니다. 이런 추세를 극명하게 증거하는 분야가 혼인이라는 제도다. 과거의 혼인이 명예의 표식이자 계급계층 간의 결합이었다면, 도시 부르주아 계층의 주도권을 통해 재편되는 근현대 사회 속의 혼인이란 개인들의 사랑이 그 이념의 축을 이루는 한편 혼인 행사의 전체가 시장 논리에 휘말려드는 과정이다. 사랑과 시장은 마치 천장지구天長地久의 환상을 주기도 하지만, 실로 사랑은 한때의 애착이고 시장은 수많은 소비자의 변덕에 의해서야 그 활력을 얻어간다.

사랑과 가족이 최종 이데올로기가 되고 시장이 전 포괄적인 삶의 공간일 때 이로써 시시한 에고들의 생태계가 완성되는 한편 거인들의 기억은 신화가 된다. '거인'이라는 표상의 껍데기는 낡고 시대착오적이기까지 하지만, 공부와 수행이 필시 에고와의 갈등이나 기나긴 전투를 피할 수 없기에 그 과정의 여러 곡절과 계기에서 그 같은 메타포는 현실을 넘어서려는 견인의 표식으로 자주 호출된다. '자신의 에고에 결박되지 않는 어떤 삶의 일관성을 보이는 존재'로서의 과거적 거인이 종말을 고했다고 한다면, 이 종말 이후의 새로운 인간주의를 재구성하는 공부길 과정에서 이 거인의 메타포는 어떤 식으로 전유될 수 있을까.

　　　　6강　거인들은 왜 사라졌는가?—육당, 춘원, 그리고 좌옹

2. 거벽, 혹은 육당 최남선

둘이 대치하는 관계는 아니지만 이른바 거벽巨擘을 굳이 거
인이라고 할 필요는 없다. 그이는 전문가의 일종이기 때문이다.
사전에서는 "학식이나 어떤 전문적인 분야에서 뛰어난 사람"으
로 풀이한다. "조선시대에 과거시험의 답안지 내용을 전문적으
로 대신 지어주던 사람"이라는 추가적인 뜻은 역시 '거인'이 품
고 있던 도덕적 아우라를 더 멀리 몰아낸다. 동경삼재東京三才,
아니 조선삼재 중 한 사람으로 꼽는 최남선崔南善(1890~1957)
은 그 같은 거벽 중 한 명이다. 그의 친일적 전향 시기를 보통
1920년대로 보지만, 그는 1925년 조선총독부 부설로 설치된 조
선사편수회朝鮮史編修會의 위원이 되는데, 자책하기를 '변절의 남
상濫觴은 이 편수위원의 수임(이 수임을 '수입'으로 읽어야 할지도
모른다)에 있었다'고 했다. 이 단체와 그 활동의 취지를 수상하
게 여기는 일반적 평가는, 가령 식민지 근대화론에 대한 윤치호
尹致昊(1865~1945)의 부정적 평가('조선의 근대화는 근본적으로, 일
차적으로 일본의 이익을 위한 것')와 그리 다르지 않다. 아무튼 이
소식을 접한 한용운韓龍雲(1879~1944)이 육당의 집 앞에서 곡
哭하며 '최남선이는 죽었다'고 했던 것은 거꾸로 그가 진작부터
충분히 '살아 있었'기 때문이다. 문학평론가 백철은 1910년대를
이광수李光洙(1892~1950)와 나란히 한 육당의 시대라고 불렀으
며, "편수위원이 되기 전까지만 하더라도 대표적인 민족지사 중

  생활공부와 현명한 관념론의 길

한 명이었고 (…) 일본 사학자들의 '단군날조론'에 맞서 역사적 존재로서의 단군을 옹립하는 일에 진력해왔던 거의 유일한 사람"*이었기 때문이다. 이른바 '천재들의 스승'으로 알려진 석전 박한영石顚 朴漢永(1870~1948)이 '가장 뛰어난 재능最難才'**으로 평가한 육당의 천재를 압축한 사건은 1926년 한 해에 출간한 네 권의 저서일 것이다. 유명한 『불함문화론不咸文化論』(1925)을 계승하면서 일제의 식민사관에 맞선 논문인 『단군론檀君論』, 신채호의 『조선상고사朝鮮上古史』(1931)와 안재홍安在鴻(1891~1965)의 『조선상고사감朝鮮上古史鑑』(1948)으로 이어지는 『아시조선兒時朝鮮』, 지리산을 중심으로 남한 각지를 순례한 체험을 기록한 견문록인 『심춘순례尋春巡禮』, 그리고 박한영·홍명희洪命熹·이광수·정인보鄭寅普 등의 발문을 담은 19세기 이래 최초의 시조집인 『백팔번뇌百八煩惱』가 그것이다. 이외에도 육당의 정신문화적 성취를 일일이 거론할 수 없지만, 거벽으로서의 그의 재능과 학식을 알리는 일은 적지 않다. ('풍문'이라는 단서를 붙이긴 했지만) "(육당은) 8000명이나 되는 일본 고대사 귀신들의 이름을 하나도 빼지 않고 욀 수 있는 기억력이 있었다"***고 했고, 일정 당시 육당이 유지했던 사설 도서관 '일람각'의 장서가 40만 권

* 서영채, 『아첨의 영웅주의, 최남선과 이광수』, 소명출판, 2011, 38~39쪽.
** 종걸·혜봉, 『석전 박한영, 영호 정호대종사 일생록』, 신아출판사, 2016, 454쪽.
*** 같은 책, 762쪽.

에 달했다고 했다.*

육당은 해방 후 반민특위反民特委에 친일반민족행위자로 체포된 후 제출한 자열서自列書에서 (춘원 이광수와는 달리) 회오悔悟의 뜻을 분명히 했다. 그 짧은 글에서 그간 별 주목을 받지 못했던 문장이 특별히 내 관심을 끈다. "무슨 까닭에 이러한 방향전환(변절)을 했는가. 이에 대해서는 일생의 목적으로 정한 학연學研 사업이 절체절명의 위기에 빠지고 그 봉록俸祿과 그리로서 있는 학구상 편익을 필요로 했었다는 이외의 다른 말을 하고 싶지 않다."** 다시 비슷한 취지의 이어지는 글을 덧붙인다. "내가 변절할 대목 곧 왕년에 신변의 핍박한 사정이 지조냐 학서學書이냐의 양자 중 그 일一을 골라잡아야 된 때에 대중은 나에게 지조를 붙잡으라고 하거늘 나는 그 뜻을 휘뿌리고 학업을 붙잡으면서 다른 것을 버렸다." 육당이 스스로 밝힌 변절의 이유는 학연學研 혹은 학서學書다. 학자로서의 삶과 그 편익을 위해서 친일을 선택했다니, 그는 참으로 '거벽'-스럽고, 거벽스럽다.

그는 스스로 '선택했다'고 했으나, 이 모든 일은 인간의 적나라한 생활 속에서 벌어진 것이라는 사실에 주목해야만 한다.

* 송건호는 육당이 평생토록 모든 장서가 17만 권이었다고 했다. 송건호, 『韓國現代人物史論』, 한길사, 1984, 409쪽.

** https://m.cafe.daum.net/gwangbok815/JCwr/288?listURI=%2Fgwangbok815%2FJCwr.

     생활공부와 현명한 관념론의 길

그리고 워낙 생활이 지니고 있는 무한정의 상호 연관성 속에 오롯한 책임의 주체를 추상抽象하고서도 그 주체의 일방향적 의지를 전제해야만 겨우 가능해질 어법이므로, 추국의 현장에 내몰려 답해야만 했던 본인의 의사와는 달리 후세인 우리는 당대적 이데올로기의 포획망과 정치적 분법에서 한발 떨어져 인간사의 보편성을 삶의 가장 낮은 자리에서부터 직조해들어가는 시각으로 그의 '선택'을 좀더 통합적으로 재서술할 수도 있다. 친일 행적에 대한 육당의 해명은 반민특위에 의해 호명당한 후에 양각陽刻된 임시적인 주체일 것이다. 만일 그가, 박완서의 자전소설인『그 많던 싱아는 누가 다 먹었을까』속에서 묘사된 필자의 어머니처럼 왜정倭政과의 일상적·구체적인 교차점들을―항용 생활의 힘에 떠밀리는 중동적middle-voiced 의식 속에서, 매운 민족주의적 지향성을 버리지도 못한 채―누추하게나마 제 깜냥 속의 이기적 합리성을 좇는 식으로 거쳐왔던 보통 사람이었다면, 그같이 위기의 주체로서 역사 앞에 불려나올 일은 없었을 것이다.

물론 육당이 역사의 법정에 불려나와 스스로를 임의로, 임시로, 그리고 다소간 연극적으로 주체화해야 했던 데에는 통속적인 이유가 있다. 그는 자신의 행적에 대해 역사와 민족 앞에 소명해야 할 만큼의 도덕적 위상을 지닌 존재였기 때문이다. 이른바 '군자의 잘못은 일식이나 월식과 같고君子之過也 如日月之食'(『논어』), 그에 비해 박완서의 모친과 같은 사람들의 행적이

　　　　　　6강 거인들은 왜 사라졌는가?―육당, 춘원, 그리고 좌옹

란 맨눈으로는 그 빛의 파편조차 포착할 수 없는 무한 우주 속의 작은 천체에 불과하기 때문이다. 그러나 육당이나 춘원처럼 자신의 천재와 노력과 수완에 의해 입신출세한 명사에게 선출직 정치인에게나 요구할 법한 '책임감Verantwortungsgefühl'(막스 베버)을 야박하게 들이대는 것은 온당한 일일까? 수많은 국민의 무고한 죽음에 책임 있는 이승만이나 박정희에 대해서는 그 공과를 여전히 포폄褒貶하려 하면서 넉넉한 쟁론의 여지를 두는데도, 육당이나 춘원은 '친일 변절자'라는 짧은 오명을 씌워 역사의 지평에 거꾸로 매달아두는 게 적절한 처분일까? 일제 치하의 한반도가 사적 욕망과 법적 규제 사이의 탄력적 긴장 속에서 운영되던 자유로운 시민사회가 아니긴 해도, 천재와 거벽의 사적 욕망이 당도한 여러 성취와 명망을 정치적 이데올로기의 리트머스에 담가 직절直截하게 품평하는 것은 공평한가? 정치는 후과後果의 책임을 묻고 도덕은 양심의 심금心琴을 치는데 그 요령이 있으므로, 공사의 구분에서 근현대 사회의 정신적 활로를 읽었던 아렌트나 리처드 로티의 취지를 살려, (비록 민족의 정기를 제도적으로 앙양하려 했던 반민특위의 허무한 와해를 부끄러워하면서도) 이들을 평가하는 긴 호흡과 종합적인 시야를 아쉬워하게 된다. 일제 치하의 한반도에서 고명을 누리는 중에도 몽양夢陽(여운형, 1886~1947)이나 민세民世(안재홍, 1891~1965)처럼 민족을 위한 충절을 올곧게 지켜나간 게 외려 기적일 테다.

내게는 '판돈론論'이라는 조잡한 이론이 하나 있다. 판돈이

 생활공부와 현명한 관념론의 길

란, 노름판에서 그 판에 건 돈의 총액을 말한다. 일반화하자면, 인간 행위의 동기는 그 행위가 무엇이든 간에 그에 대한 가능한 보상의 구체적 전망에 의해 좌우된다는 뜻이다. 물론 인간의 행위를 해명하려는 이론적 노력은 '바람이 새지 않는 울타리는 없다沒有不透風的籬笆'라는 격언처럼 전혀 완벽할 리 없지만 이치가 통하는 대개의 흐름을 짚을 수 있다면 족하다. 진秦나라 이세 황제인 호해胡亥(전 229~207)는 20여 명의 형과 누나들을 잔인하게 죽이고, 박한상朴漢相(1971~)은 1994년 5월 19일 잠든 양친을 역시 잔인하게 죽인다. 호해의 판돈은 천하를 지배하는 제왕권帝王權이었고, 박의 판돈은 200억에 상당하는 유산이었다. 심지어 6.25 전쟁의 배경에서 민족의 운명을 좌우한 김일성의 항일 빨치산파와 박헌영의 남로당파의 격돌조차 실은 남조선 혁명과 그 이후의 주도권, 혹은 판돈의 문제였던 것이다.* 양심이 작동하고 상식이 먹히는 영역은 대체로 판돈과 그 판돈을 얻는 데 필요한 노력(비용)이 상쇄시킬 만한 경우에 국한된다. 굳이 끝없이 이어질 사례들을 나열할 필요도 없지만, 판돈이 커질수록 인간의 행위는 잔인하고 기괴해진다.

육당이 밝힌 변절의 이유는 앞서 말했듯이 학연學硏, 곧 학자로서의 삶이며 이와 관련된 편익이다. 3·1 운동 당시 스스로

---

* 박병엽, 『김일성과 박헌영 그리고 여운형』, 유영구·정창현 엮음, 도서출판 선인, 2020, 299쪽.

독립선언서를 작성하고서도 대표자 33인의 자리를 고사한 것은 "밖에서 한국 역사 연구를 계속하려 했기 때문"*이다. 송건호가 추단한바 1930년대 후반 육당이 만주 건국대학 교수직과 『매일 신보사』 등속에서 벌어들인 연수입은 대략 2만 원을 훨씬 넘어서는데,** 이것은 당시 『조선일보』의 사주 방응모의 연수입(1만 8000원)을 능가했다. 게다가 17만~40만 권에 달하는 그의 장서 규모는 그의 '학연'에 필요한 비용과 편익을 넉넉히 짐작게 한다. 명망가이자 학자로서 육당이 누렸던 규모의 경제 자체가 이미 판돈의 논리를 이루고 있다. 친일은 판돈의 논리를 타고 욕망의 상승 곡선을 이루기도 하지만, 규모의 경제를 거느리면서 하향의 그늘을 드리우기도 한다. 마찬가지로, 후술하겠지만 윤치호尹致昊(1865~1945)의 막대한 재산은 당대 최고의 식견을 지닌 그로 하여금 일제의 강압과 회유에 대해 복잡하고 모순적인 태도를 보이게 하는 중요한 배경이 되기도 한다. 그러면 이 판돈 속에서 학연이 차지하는 몫과 가치는 무엇일까? 육당이 친일을 선택한 것은 동포가 요구하는 지조를 버리고 개인의 학연을 위한 탓이라고 했는데, 과연 그 후의 행적은 말 그대로 학술學術의 연찬研鑽에 올곧게 바쳐진 것이었을까? 우선 지조와 학연을 한자리에 대비시킨 논리도 어색하지만, 이 같은 논

* 송건호, 앞의 책, 394쪽.
** 같은 책, 396쪽.

                                       생활공부와 현명한 관념론의 길

리에서 지조를 버리고 취한 육당의 학연과 문필 활동 속에는 학연의 이상이 연상케 하는 '내가 목숨을 걸어서라도 지키려고 하는 것은…… 소위 애국 이런 것이 아니야, 진실이야'(리영희)와 같은 준결성峻潔性이 부족한 게 사실이다. 1930년대 이후에 그가 보인 (진실이 아닌) 이른바 '애국적' 활동마저 실은 황국皇國을 위한 매판적買辦的 애국으로서 민족의 정기에 못을 박는 언행들이었다. 바로 이 지점에서 우리는 육당이 감히 넘보지 못할 고초를 겪으면서도 바로 그 '지조와 학연'을 틈 없이 일치시켜간 민세의 행적을 경이로운 눈으로 바라보지 않을 수 없다.* 거듭되는 투옥과 고문의 후유증으로 유서를 남기면서 죽을 결심을 내비치기도 하는 가운데, 육당이 변명처럼 내세운 그 '학연'에 새 의미를 부여하는 준열한 실천 속에서 민족의 미래를 위한 절조節操를 완성시킨다. "내가 영어囹圄에서 생각하니 정치로써 투쟁하는 것은 한동안 거의 절망적인 상황으로 국사를 깊이 연구하여 민족 정기를 영원히 남겨두는 것이 스스로의 지고한 사명임을 깨달았다."**

실은 학연과 그 권위가 곧 판돈이 되는 경우조차 어렵지 않게 상상할 수 있다. 예를 들어 20세기 철학사에서 비트겐슈타인(1889~1951)과 함께 가장 영향력이 큰 인물로 꼽히는 하이데

---

* 민세 안재홍은 일제강점기에 총 아홉 차례 옥고를 치렀는데, 총 7년 3개월의 투옥으로 당시 언론인 중 가장 긴 옥고의 기록이다.

** 안재홍, 『조선상고사감』, 김인희 역주, 우리역사연구재단, 2014, 15쪽.

거(1889~1976)는 "나치 운동의 장엄함이나 내적 진정성"을 결코 부정하지 않았으며 독일의 전쟁범죄를 인정하지 않았고, "독일 민족의 언어나 숙명에 뿌리내리고 있는 자신들의 지적 탁월성"에 관한 편견에 찬 입장을 포기하지도 않았다.[*] 지젝의 해설을 덧붙이면 하이데거는 그의 존재론적 철학이 도달한 심연 자체가 나치의 정치적 기획과 내적으로 연루하고 있다.[**] 혹은, 달리 말해서 이는 그가 『존재와 시간』(1927)에서 이론적으로 돌파해낸 상징세계를 윤리적으로 성찰하길 거부한 것이기도 하다.[***] 이 실없이 번란스러운 논의를 쉽게, 근본·실용적으로 옮겨보자면, 하이데거의 학연이 그의 인성을 압살했다는 말이며, 다시 내 말로 고쳐보자면 그의 공부길에서는 '되기'가 '알기'에 의해 추월당했다는 뜻이기도 하다.[****] 곧 그가 이룩한 심오한 학연의 지분持分이 그의 양식과 정치적 판단을 뒤흔드는 판돈

* Victor Farias, *Heidegger and Nazism*(Filadelphia: Temple U. Press, 1989), p. 7.

** 슬라보예 지젝,『까다로운 주체, 정치적 존재론의 부재하는 중심』, 이상민 옮김, 도서출판 b, 2005, 28~29쪽.

*** 같은 책, 40쪽.

**** 내가 뜻하고 실천하는 공부는 이른바 '학연學研의 진리'가 그 목적이 아니다. 이런 취지에서 보자면 전술한 리영희의 선언도 부족하다. 허울 좋은 상아탑이라면 허울 좋은 진리가 그 장소의 최종적인 합리화이자 자기 증명일 것이다. 그러나 공부길은 학연으로만 구성되지 않는다. 그것은 자기 완성, 혹은 자기 구제의 몫을 반드시 요구한다. 공부는 그 최종심급에서 존재론적인 것이다. 그러므로 어떤 학연이라도 수행과 효력이 존재론적으로 기입되지 않으면 그것은 아직 '공부'가 아니다. 그래서 알기는 되기에서 완성되며, 되기는 돕기 속에서 자신을 증명한다.

   생활공부와 현명한 관념론의 길

이 되었다고 해도 좋다.

자신이 이룬 것 혹은 얻은 것이 곧 그의 덫이나 장애가 되는 경우들을 어렵잖게 볼 수 있다. 대인접물에서 공경恭敬을 잃고 권위주의적 태도를 보이는 이들은 흔히 이런 덫에 물려 있다. 화려한 투쟁이나 입신의 경력자, 양과 질에서 남다르게 이룬 성취자, 최고위직에 올라 주위의 인간들을 뜻대로 부릴 수 있는 권력자, 사회적 세계의 주요한 매개와 기회들을 마음껏 주무를 수 있는 금력과 인맥의 주관자들은 스스로 얻고 이룬 것들과 자신을 동일시하고, 미래의 '되기'가 배태하고 있는 무서운 우연성을 충분히 고려하지 못한다. 육당이나 하이데거처럼 거벽의 지위에 오른 학자라면, 거벽에서 거인으로 도약하는 유일한 길은 오직 인격의 힘과 삶의 양식의 일관성으로써 스스로 그 모든 성취를 무색하게 만드는 데 있다. 세속적 성취의 빛을 오히려 꺼버림으로써 존재의 빛나는 순간을 기록한 것으로서는 가령 『명상록』의 마르쿠스 아우렐리우스가 로마 황제라는 지위 속에 자신의 정체성을 고착시키는 것을 거부했을 때, (혹은 최소한 양심 있는 황제가 되어 "제국의 온 무게를 어깨에 짊어진 채 (…) 즉위식에서 죽음에 이를 때까지 하늘의 날카로운 심판의 눈을 절대로 벗어나지 못한 채 두려움 속에서 살아가게 된다는 것을 알고 있었"을 때*) 파스칼이 자신의 천재를 스스로 버리고 종교실존적 체험

* 스티븐 플랫, 『천국의 가을』, 임태홍 옮김, 글항아리, 2026, 624쪽.

 6강 거인들은 왜 사라졌는가?—육당, 춘원, 그리고 좌옹

의 깊이 속으로 한껏 몸을 낮추었을 때, 그리고 톨스토이가 당대 최고의 세계적 찬사를 받은 자신의 문학적 성취들을 초개처럼 여긴 채 새로운 '되기'의 실험으로 나섰을 때 등등을 열거할수 있다. 문제는 정신의 자람을 통한 존재의 변화에 있다. 육당은 천재였고, 애국자였고, 드물게 보는 거벽이었지만, 그의 학연이 성취한 바와 이로써 누린 편익이 그의 정신을 짓누르고 그의 존재를 왜소하게 만들었다.

3. 춘원, 혹은 인간적인 너무나 인간적인

잘 알려진 대로 춘원 이광수의 민족개조론이나 자강론 등의 민족계몽운동은 도산 안창호島山 安昌浩(1878~1938)의 영향을 크게 입었다. 민족계몽운동은 갑신정변과 갑오개혁, 갑오농민전쟁, 그리고 독립협회 등의 실패를 역사적 교훈으로 삼아 1905년의 을사조약 이후 변화한 현실 속에서 독립운동의 한 갈래로 나름의 역할을 해나갔다. 그러나 무장투쟁이나 외교 독립의 길이 아니라 계몽과 교육에 치우친 것은 마치 줄탁동시啐啄同時하듯 도산 등이 끼친 외재적·하향적 배경과 더불어 춘원 자신의 기질적·상향적 관심이 교차하면서 복합적 벡터를 이루었기 때문일 듯하다. 내가 읽은 이광수는 무엇보다 다정다감한 인물이며, 그의 정신적 다산성을 추동하는 남다른 열정조차 이런 성벽이 바탕을 이룬다. 매사에 그런 점이 있지만, 이 같은 성품도 그의 삶의 명암과 영고榮枯를 두루 관류하는 밑절미가 된다. 혹자는 춘원의 문학을 '정情의 문학'이라고 통칭하기도 하는데, 그의 문학론(「문학이란 何오」, 1916년 11월 중 『매일신보』에 연재된 글)에 의하면 문학의 본질은 곧 인간의 감정-情을 표현하는 것이며, 이로써 사람의 정情을 그 근본에서 만족시키고 낭만주의적(근대적) 개인을 성립시키게 된다. 게다가 계몽주의와 함께 그의 활동과 저작을 주도하고 있는 이념인 민족주의마저 "심정과 정서의 차원에 머물러 있다".* 춘원을 문학적 멘토로서

따랐던 피천득은 춘원을 일러 '착하고 (한편) 바보 같은 분'이라고 했는데, 이 역시 그의 다정다감한 면에 지핀 후배의 회고일 듯하다.

춘원의 대표작이자 출세작인 『무정』(1917)의 주인공 이형식은 당시 겨우 20대 중반의 나이였던 춘원의 모상模像일 수밖에 없다. 김윤식에 의하면 "춘원의 창작 방법의 첫 단계는 자전적인 주인공을 내세우는 것이었다. 단편 「어린 벗에게」, 장편 『무정』이 대표적인 예다."** 『무정』의 서사가 계몽의 이념을 통시通時의 축으로, 사랑 이야기를 공시共時의 축으로 깔고 교직되면서 진행된다는 사실 역시 그 나이의 춘원을 지배한 감성과 지성을 고스란히 드러낸다. 『무정』을 지배하는 연애의 테마는 당대 장안의 지가를 높인 배경으로, 동경 유학생***들을 통해 수입된 자유연애의 풍조와 함께 전통적 여성관이나 인습적 가족 관계에 대한 비판과 맞물려 있다. 조혼早婚이나 가부장제에 의한 강압적 혼인 등의 전통적 풍습에 온몸으로 저항했던 낭만적 근대주의자 춘원이 오래 묵은 개인사이자 민족사의 원망怨望을 조숙한 자신의 문재에 얹어 한국 문학사의 새로운 관문을

* 서영채, 『아첨이 영웅주의, 최남선과 이광수』, 소명출판, 2011, 367쪽.
** 김윤식, 『이광수와 그의 시대 2』, 솔, 1999, 279쪽.
*** 당시의 동경東京은 19세기의 파리와 같이 새로운 문명문화의 집산지이자 발신지였다. 춘원, 육당, 좌옹은 모두 동경 유학생이었다. 식민지의 지식인으로서 이들이 식민종주국의 수도에서 느낀 매혹과 선망은 "그 배후에 조선의 현실이라는 어둠이 존재하기 때문"이다. 서영채, 앞의 책, 364쪽.

   생활공부와 현명한 관념론의 길

뚫어낸 셈이었다. 당시의 분위기를 김진송은 다음과 같이 요약한다. "남녀간의 애정 문제와 결혼제도, 직업의 선택에서 여성의 역할은 재편되고 따라서 여성은 계몽과 반봉건의 중심에 서 있었다. 여성의 성적 역할과 사회적 지위의 재편에 관해 가히 폭발적일 만큼 많은 글들이 쏟아져 나오고 이를 중심으로 사회의 근본적인 개혁을 이루려는 논의가 활발해지는 것은 당연했다. 이광수 같은 이는 1916~1918년 사이에만 반봉건성과 계몽의식을 드러내는 논설 「조선 가정의 개혁」 「조혼의 악습」 「혼인에 대한 관견」* 「혼인론」 「숙명론적 인생관에서 자력론적 인생관에」 「자녀 중심론」 등을 발표하기도 했다."**

춘원이 독립운동의 의지를 꺾고 상하이를 떠나 귀국한 데에는 "남자가 여자에 대해 가지는 듯한 굉장히 뜨거운 사랑"***이 자리하고 있다. 춘원은 1910년 백혜순白惠順과 중매결혼을 했지만 둘 사이가 내내 냉랭해서 스스로 불우함을 호소하곤 했는데, 1915년 일본 유학 중 그곳 의학전문학교에서 공부하던 허영숙許英肅, 그리고 미술학교에 재학 중이던 나혜석羅蕙錫 등과 연애에 빠진다. 여러 곡절을 거쳐 춘원은 나씨와 헤어지고, 허씨는

* 춘원은 그의 소설 『무정』에서 사랑 없이 이루어지는 전통적 혼인 제도를 격렬하게 비판하고 있다. "조선의 흉악한 혼인 제도는 수백 년래 사람의 가슴속에 하늘에서 받아가지고 온 사랑의 씨를 다 말려 죽이고 말았다." 이광수, 『무정』, 민음사, 2010, 470쪽.

** 김진송, 『서울에 딴스홀을 許하라』, 현실문화연구, 1999, 204쪽.

*** 이광수, 앞의 책, 290쪽.

결국 그의 후처가 된다. 이후 1920년대 초 상하이에서 안창호의 지도와 후원 아래 타고난 문필력을 발휘해 독립운동의 여러 소임을 맡고 있던 중 돌연 애인 허영숙이 상하이에 나타났다. 춘원은 동지와 선배들의 만류를 뿌리치고 작지 않은 스캔들을 낳으면서 그간의 열정적인 독립운동의 이력을 뒤로한 채 허씨와 함께 귀국하게 된다. 월탄 박종화月灘 朴鍾和(1920~1980)는, 춘원이 허영숙으로 인해 조선총독부에 매수당했을지 모른다는 당시의 여론을 기록한 바 있고, 송건호는 이미 망명지 독립운동의 간난艱難과 불확실성에 대해 고민하고, 그 조직상의 지리멸렬함에 대해 회의하던 춘원을 회유·귀국시킬 목적으로 일제가 허영숙을 낙점한 것이 아닌가 하고 추정한다.* 한편 대인다운 풍모로 "과격하지 않으면서도 남다르게 뛰어난 진보성을 보여주었"**으며 해방 이후의 북조선 정권이 진작에 탐을 내면서 "쟁취할 필요가 있다고"*** 본 그의 친구 벽초가 남긴 『임꺽정전』(1928~1940)의 문학과는 다르게 비틀거리는 사랑 이야기에 정통했던 춘원은 사랑에 빠져 시대정신Zeitgeist의 부름을 놓친 채 스스로 비틀거렸던 셈이다. 반복하건대 그는 사적 정한情

---

* 송건호, 『韓國現代人物史論』, 한길사, 1984, 352쪽.

** 홍정선, 「벽초 홍명희의 문학관과 임꺽정」, 『청석골 대장 임꺽정』, 동광출판사, 1989, 344쪽.

*** 박병엽, 『김일성과 박헌영 그리고 여운형』, 유영구·정창현 엮음, 도서출판 선인, 2020, 33쪽.

恨이 깊고 다정다감한 사람으로 절의節義를 좇아 일로매진一路邁進하는 스타일의 인물이 아니다. 이와 관련해서 육당이 춘원의 성품을 묘사한 글이 인상적이다. "(육당은) 나아가 이광수를 '시인'이며 '정열가'로 규정했다. 그리고 '탁월한 능력'이 있어 '남이 느끼지 못하는 것에 깨치는 것이 얼마며 그리하여 남이 원통해하고 슬퍼하고 근심하고 울지 아니하는 바에 혼자 원통해하고 슬퍼하고 근심하고 우는' 그에게서 섬세하고 예민한 감정을 봤다."*

춘원은 성격도 내성적이었으며 몽양처럼 적극적인 대사회적 활동에 소질이 있는 편이 아니었다. 1943년의 어느 날 중학생이었던 송건호는 '조선 청년들의 절대적 우상'이었던 춘원의 연설을 듣던 중에 간취한 인상을 전하고 있다. "그런데 가슴을 두근거리며 처음 직접 눈으로 본 춘원 이광수의 모습은 의외로 인상적인 풍모는 아니었다. 연단에 서서 한없이 머리를 수그리고 원고를 읽어내려가듯 들릴락 말락 한 작은 소리로『춘향전』의 한 구절을 인용하며 중얼거리던 50대 남자의 모습만이 기억에 남아 있다."** 춘원은 성장기에 인간적인 설움을 적잖이 겪었다. 유아기에만 가난 탓에 열 번에 가까운 이사를 해야 했고, 세 명의 형은 그 와중에 세 살을 넘기지 못한 채 죄다 요절

* 류시현,『동경삼재』, 산처럼, 2016, 104쪽.
** 송건호, 앞의 책, 348쪽.

     6강 거인들은 왜 사라졌는가?—육당, 춘원, 그리고 좌옹

했다. 다섯 살에 한글과 천자문을 깨치며 신동 소리를 들었지만, 이미 열 살 때부터 담배 장사에 나서야 했을 만치 적빈赤貧의 삶을 살았다. 그는 차츰 신산스러운 삶의 현실에서 물러나 독서와 사색에 몰두했고, 게다가 늘 병약했으며 말수가 적었다. 열한 살에 양친을 잃은 춘원은 평생 '고아 콤플렉스'에 시달렸는데, 훗날 『무정』이 조선의 젊은이들을 열광시킬 때 유림이나 조선총독부 중추원으로부터 '어미 아비 없이 자란 상놈의 글'이라는 지탄을 받기도 했다. 게다가 그의 모친이 삼취三娶인 점을 부러 들먹이는 이도 적지 않았다. 춘원은 소시부터 폐렴과 결핵을 앓았지만 적절한 치료를 받지 못한 탓에 평생 고생을 피할 수 없었고, 1950년 10월 25일 납북 중의 행로에서 사망한 것도 폐결핵이 원인이었다.

근년의 유행은 인문학이 무거운 개념들을 눌러붙이며 사회과학화되고, 반인간주의적 필치를 능사로 알아 개인의 평전을 다루면서도 그의 기질과 성향을 따지는 게 좀스럽다고 여기곤 하지만, 육당이든 춘원이든 좌옹이든, 혹은 몽양이든 이정而丁이든, 우남雩南이든 백범白凡이든, 내가 포착하는 그들의 일생과 행태는 일관된 패턴을 그리고 있는 기질과 성향에서 완전히 떠나지 못한다. 다정다감多情多感이 학술적 개념도 아니고 한 역사적 인물의 행태나 중요한 결정을 설명할 법한 사안도 아니라고 해서, 한 사람의 일생에 떠나지 않고 질기게 기동하고 있는 정서와 태도의 기조를 허투루 소거할 수는 없다. 나는 춘원

   생활공부와 현명한 관념론의 길

의 소위 변절이 궁극적으로는 그의 다정다감함으로 소급된다고 여긴다. 하이에나에게는 별다른 사냥 기술이 없지만 그는 한번 정한 타깃을 집요하게 추구하는 것으로 포식자의 세계에서 정평을 얻었다. 마음이라는 불안정하고 광막한 천체 속에서 하나의 별자리에 뜻을 얹어 집요한 일관성으로 그 뜻을 이루어내는 일은 거인됨의 필요조건이겠지만, 춘원은 천재에 버금가는 당대의 재사이긴 해도 워낙 '다정이 병'인 위인이라 거인의 행보를 이루기는 어려웠다. 옛말에도 '자신의 장점 탓에 죽지 않는 사람이 적다人子寡不死其於所長'고 했듯이, 춘원 속의 거인이 이드거니 자라지 못하고 당대의 대의에 등을 돌리게 된 이유의 한 켠에는 사랑과 문학을 위한 체질적 바탕이 되었던 그 자신의 예민한 문약文弱이 자리하고 있을 법하다.

4. 좌옹, 부끄러움의 정치경제학

예민한 감성의 주인공 춘원은 '부끄러움'을 말한다. "조부나 아버지나 삼촌이나 다 세상에는 아무짝에 쓸데없는 인물들이었다…… 제 생활에만 무관심인 것이 아니라, 모든 세상일에 대하여 다 무관심한 사람들이었다. 나는 이런 사람들의 자손이된 것을 부끄러워하지 않을 수 없다."* 그의 부끄러움은 민족전체를 대상으로 확산된다. 허영숙과 함께 귀국해서 『개벽』지에 발표한 「소년에게」에서 말하기를, "조선인은 허위와 거짓에가득 차 있고 조선인은 나태하여 경제적으로 빈궁하고 조선인은 무식하며, 생존의 능력이 없고 따라서 권리도 없다".** 춘원(1892~1950)보다 한 세대 앞서면서도 춘원 못지않은 식견과 문해력, 그리고 어학 실력을 보유했던 좌옹佐翁(1865~1945) 윤치호의 눈에 비친 막바지 조선의 모습은 더 부끄러운 것이었다. 좌옹에게 있어 이 부끄러움의 시작은 일상의 생활이다. 사실이것은 국운과 민족에 관한 좌옹의 긴 생각과 선택을 이해하는데 매우 중요한 단서를 제공한다. 국체國體나 국권의 맥락에서조선을 일본과 '대치'시키면서 당면한 정치적 의제를 향해 자신의 능력과 자원을 쏟아붓는 대신 좌옹은 조선인들의 생활을 일

* 류시현, 앞의 책, 21쪽.
** 다음에서 재인용. 송건호, 앞의 책, 354~356쪽.

　　　　　　　　　　생활공부와 현명한 관념론의 길

본인들과 '대비'시키면서 역시 '부끄러움'을 말한다.

좌옹은 평소 조선인들의 불결한 위생, 무기력, 체면치레, 감정적인 태도 등을 내심 경멸했는데, 이 비교적 판단의 대타자는 그가 16세 되던 1881년 신사유람단紳士遊覽團의 수행원으로 현해탄을 건너가 체험하게 된 이웃 나라 일본이었다. 3년 후에 기록한 일기에서 말하기를, "일본은 청나라에 비해 100배 이상이나 문명화된 나라이고 그 성공의 원인은 명치 정부에 의한 전면적인 서구화에 있다"*고 했다. 조선과 일본과 미국과 중국을 고루 체험한 좌옹은 사사롭게는 일본에 깊이 경도해 있었다. "만약 내가 마음대로 내 고국을 선택할 수 있다면 나는 일본을 선택할 것이다. 오, 축복받은 일본이여! 동방의 낙원이여! 인종 편견과 차별이 극심한 미국, 지독한 냄새가 나는 중국, 그리고 악마 같은 정부가 있는 조선이 아니라, 동양의 낙원이자 세계의 정원인 축복받은 일본에서 살고 싶다."**

그는 조선인으로서는 공식적인 최초의 동경 유학생이었다. 그리고 그에게 이 조숙한 이국 체험의 대비적 효과는 결정적이었다. 소년의 나이에 각인된 이 동경과 부끄러움의 내적 상승의 고리는 그의 정신을 결박했고, 80년에 이르는 긴 세월 동안 피식민지의 삶에 관한 아이러니와 모순의 태도에서 벗어날 수

---

* 윤치호, 『윤치호 국한문일기』, 탐구당, 1975, 1884년 7월 22일자.
** 윤치호, 『국역 윤치호 영문 일기 2』, 한국사료총서 번역서 2, 1893년 11월 1일자.

   6강 거인들은 왜 사라졌는가?—육당, 춘원, 그리고 좌옹

없게 했다.

제1차 세계대전 이후 윌슨 미국 대통령의 민족자결주의 원칙이 알려지면서 상하이의 신한청년단(여운형) 등을 비롯해 파리강화회의에 조선의 독립을 청원하려는 움직임들이 있었다. 합류를 권유당한 좌옹은 나름의 냉정한 시세 분석과 함께 거절한다. "나는 이렇게 대답했다. 세계대전과 관련 있는 약소국 문제는 파리강화회의에서 틀림없이 안건으로 상정될 걸세. 그러나 조선은 거론될 기회조차 없을 거야. 파리강화회의에서 조선에 대한 암거래는 제쳐놓고, 직간접적으로 세계대전과 관련 있는 약소국들 문제를 해결하는 데 주력할 걸세."* 좌옹이 고하 송진우古下 宋鎭禹(1887~1945)에게 밝힌 이유는 세 가지였다. ㉮ 거창한 이상이 모두 그렇듯, 국제연맹이 창설되어 실제 활동에 들어가려면 앞으로도 몇 년은 더 걸릴 것이다. ㉯ 조선 문제는 파리강화회의에서 안건으로 상정되지도 않을 것이다. ㉰ 열강 중 누구도 바보처럼 조선 문제를 거론해 일본의 비위를 거스르지는 않을 것이다. 미국이 단지 조선에 독립을 안겨줄 요량으로 일본과의 전쟁을 불사한다는 것은 상상조차 할 수 없는 일이다.** 1919년 3·1 운동 당시에도 국민 대표로서 서명할 것을 요청받았지만 단연히 거절했는데, 역시 그의 식견과 판단은 대

---

* 윤치호의 일기, 1919년 1월 17일자, 다음에서 재인용. 임용한, 『난세에 길을 찾다』, 시공출판사, 2009, 309쪽.

** 같은 책, 310쪽.

   생활공부와 현명한 관념론의 길

동소이하다. "이번 운동에 반대하는 세 가지 이유는 이렇*다. 조선 문제는 파리강화회의에 상정되지 않을 것이다. 어떤 나라도 조선 독립을 위해 일본과 싸우는 모험을 감행하지는 않을 것이다. 약자가 취할 수 있는 최선의 방책은 강자의 호감을 사는 것이다."*

좌옹은 현실주의자였다. 그리고 그 현실은 양심이나 애국심에 의해 일매지게 통합될 수 없는 모순된 것이었다. 그는 상기한 현실적인 이유로 파리강화회의 청원이나 3·1 독립운동에 불참하면서도 사지死地를 불문하고 군중 속에 휩쓸린 채 태극기를 흔들면서 내몰려가는 젊은 학생들을 위해 눈물을 흘리기도 한다. 그는 지원智圓했지만 행방行方의 굳은 도리에 이르지는 못한 지식인이었다. 이것은 그가 파란만장한 긴 일생을 거치며 60년에 이르는 장구한 분량의 일기 속에서 자신의 주체를 어루만져나간 이유이기도 했다. 그의 변명은 이랬다. "나는 어느 당파에도 속할 수 없습니다. 문제의 양면을 너무 많이 보니까요."** 마찬가지로 그는 문명국이 된 일본을 "황인종의 일원으로서 사랑하고 존경"***하면서도, 조선의 독립을 앗아가고 '대

---

* 윤치호의 일기, 1919년 3월 6일자. 다음에서 재인용. 『한국일보』, 2001년 2월 16일자.

** 유길준과의 대화. 다음에서 재인용. 신동준, 『왕의 남자들』, 브리즈, 2009, 292쪽.

*** 윤치호의 영문 일기. 다음에서 재인용. 양현혜, 『윤치호와 김교신』, 한울, 1994, 72쪽.

한의 마지막 희망인 독립협회를 분쇄한 일본 놈들'을 저주하기도 한다.

좌옹은 조선의 식민지 상태를 조선의 현실에서는 어쩔 수 없는 일로 수용했다. 불행하고 불법적인 식민지 병합이긴 했지만 "노예근성, 부정직함, 죽은 자 같은 무기력성"*이 지배하는 조선이 자초한 것으로 봤다. "(조선) 민중은 능력이 없고 무지한 집단이고 수세기에 걸친 종속적인 습성에 의해서 공공 정신이 결여되어 있기 때문에 국가의 문제를 위임하는 것을 불가능하다고 생각했다."** 전술했듯이, 좌옹의 관심이 정치에서 떠나 있는 것은 아니지만, 내내 조선인들의 일상생활을 일본인들과 '대비'하는 중에 내재화된 '부끄러움'에서 출발하는 게 그를 이해하는 데에 하나의 중요한 요령이 된다. 그는 "버젓한 음식점 하나 운영할 수 없는 사람들이 독립국가를 경영하기를 원하니 원, 참 기가 막혀서"***라고 내뱉기도 하고, 역시 같은 맥락에서 '대중 목욕탕 하나를 제대로 운영할 수 없는 민족'****이라고 일갈하기도 한다.

1896년, 러시아 황제의 대관식에 참석한 후 외국어에 대한

* 같은 책, 72쪽.

** 1898년 5월 1, 2일자 일기, 다음에서 재인용. 같은 책, 68쪽.

*** https://ko.wikipedia.org/wiki/%EC%9C%A4%EC%B9%98%ED%98%B8.

**** 같은 곳.

 생활공부와 현명한 관념론의 길

그의 오래된 습벽에 밀려 프랑스에 길게 체류하면서 불어를 익히고자 애쓴다. 그런 다음 좌옹은 조선에 돌아오는 여정을 끊어 잠시 베트남의 사이공西貢에 들렀는데, "프랑스인들이 베트남 농민들과 상인들에게서 빼앗은 세금으로 닦은 사이공의 '파리 수준 이상'의 깨끗한 도로들을 보고 감격했다"고 했다.* 사실 그 자신 피식민지 지식인 좌옹이 드러낸 이 (식민지 근대화가 이룬 한 이국적 풍경에 대한) '감격'은 매우 흥미로운 현상이며, 어쩌면 이 감격의 안팎을 세심히 분석하는 것으로써 좌옹의 망탈리테mentalité에 접근할 수 있을지도 모른다.

'조센진朝鮮人은 더럽고 게으르고 약속을 지키지 않는다'는 왜인들의 지적은 소년기의 나도 풍문을 전해 들어 알고 있었고, 우리는 이 역시 식민 지배를 정당화하기 위한 수많은 왜곡과 조작의 한 토막으로 치부했다. 그러나 지금의 우리와는 달리 식민지 현실을 제 일상으로 살고 있었던 좌옹은 이 지적을 자신의 부끄러움으로 내장한다. 프랑스의 고고학자 에밀 부르다레는 1898년 당시 조선의 서울을 이렇게 묘사한다. "비참한 오두막과 누추한 사람들로 넘치는 시내 거리를 돌아다니면서 (…) 이 질색할 광경에 익숙해져 산책을 한다. 그렇다 해도 공기를 오염시키는 악취는 너무 심해서 코를 쥘 수밖에 없다."** 그는

---

* 『인물과 사상』, 2003년 1월 호, 126쪽.
** 에밀 부르다레, 『대한제국 최후의 숨결』, 정진국 옮김, 글항아리, 2009, 237쪽.

이러한 사정이 일반적이라고 덧붙인다. "조선의 동네를 돌아다니려면 그 불결함을 감수해야 한다는 사실을 잊지 말자."* 오스트리아 출신의 작가인 에른스트 폰 헤세-바르텍도 1894년 경의 서울을 비슷하게 그리고 있다. "25만 명가량이 거주하는 대도시 중에서 5만여 채의 집의 초가지붕이 흙집인 곳이 또 어디에 있을까? 가장 중요한 거리로 하수가 흘러들어 도랑이 되어버린 도시가 또 있을까? 서울은 산업도, 굴뚝도, 유리창도, 계단도 없는 도시, 극장이나 커피숍이나 찻집, 공원과 정원, 이발소도 없는 도시다. (…) 변소는 직접 거리로 통해 있다. 남녀 할 것 없이 모든 주민들이 흰옷을 입고 있으면서도, 더 더럽고 똥천지인 도시가 어디에 또 있을까?"** 같은 해(1894년)에 출간된 일본인 지리 교수 야쓰 쇼에이矢津昌永의 여행기 『조선서백리기행朝鮮西佰利紀行』에서, "부산 거류지는 '일종의 악취, 조선 특유의 썩은 냄새'가 풍겼으며, 그들의 집은 도저히 사람이 살 수 없을 정도로 누추하다"***고 써놓았다.

좌옹은 원산의 지방관으로 근무하던 중 그곳 백성의 무지와 게으름에 질색한 끝에 "이 인종의 피는 새로운 교육과 새로운

* 같은 책, 253쪽.

** 에른스트 폰 헤세-바르텍, 『조선, 1894년 여름』, 정현규 옮김, 책과함께, 2019, 83~4쪽.

*** https://contents.history.go.kr/mobile/km/view.do?levelId=km_030_0070_0030_0040.

 생활공부와 현명한 관념론의 길

정부, 그리고 새로운 종교를 갖고 변화되지 않으면 안 된다"*고 극언한다. 그의 식견과 판단에 의하면, 조선은 어차피 일본이나 러시아의 식민지가 될 수밖에 없는 형편이기에 일본의 승리와 일본에 의한 통치를 외려 바라는 게 낫다는 것이다. 그는 조선의 피식민 상태를 스스로의 못남에 기인한 역사의 벌罰로 이해한다.** 양현혜는 좌옹의 정신 상태를 '민족적 니힐리즘'***이라고 했지만, 친일이니 니힐리즘이니 하는 꼬리표로 그를 분류하기 전에 짧지 않은 일생 동안 그가 자신의 남다른 재능과 자원을 동원해 실제로 실행하고 성취한 방대한 일들을 일람****할 필요가 있다.

그는 16세에 최초의 동경 유학생이었고, 미국의 밴더빌트대학과 에머리대학에서 수학했다. 다시 상하이로 건너간 좌옹은 모교인 중서서원의 영어 교사로 근무한다. 1895년 2월 13일, 그는 귀국 즉시 자신의 노비들을 석방시키고 당시 조선에서는 최초로 종문서를 불태운 집안이 된다. 후에 그는 서재필과 함께 노비 해방 문제를 협의해서 독립협회와 만민공동회를 통해 이 문제를 정부에 상정한다. 독립협회 운동의 전성기인 1898년경에는 독립협회 회장, 『독립신문』 주필, 만민공동회의 최고 지

---

* 같은 곳.

** 양현혜, 『윤치호와 김교신』, 한울, 1994, 72쪽.

*** 같은 책, 74쪽.

**** 다음 문단에 정리한 좌옹의 약력은 위키백과의 '윤치호' 편을 참고했다.

  6강 거인들은 왜 사라졌는가?—육당, 춘원, 그리고 좌옹

도자로서 활약하며 민권운동과 참정·개혁운동, 실력양성운동
에 진력한다. 이어서 『독립신문』 사장, 배재학당 교사, 원산재판
소 판사, 황성기독교청년회皇城基督敎靑年會 이사로 일했고, 대한
도서관 설립 운동에 깊이 개입하기도 한다. 1903년 1월에는 함
경도 안핵사, 7월에는 천안 군수로 부임했다. 천안 군수 시절
에는 광산 채굴권자인 백인 사업가가 조선인들을 착취할 때마
다 유창한 영어 실력을 발휘해서 그 횡포를 저지하기도 했다.
1905년 을사조약이 체결되자 좌옹은 관직에서 사퇴했고, 조약
에 서명한 대신들을 처벌할 것을 상소했다. 이후 애국계몽운동
을 이어갔으며 1906년 3월에는 장지연張志淵 등과 함께 대한자
강회大韓自强會를 조직해 회장으로 활동했지만 고종의 퇴위와
함께 해산된다.

그해 10월에는 개성에 한미서원韓美書院을 설립하고 원장이
되어 교육 사업에 전념한다. 같은 해 이능화, 장지연 등과 함
께 명진학교 교사로 초빙을 받아 출강했고, 송도 중고등학교
의 전신인 한영서원을 설립했다. 1909년에는 청년학우회를 조
직해서 청년운동을 지도하고, 계몽 강연 연사로 다니면서 실
력 양성을 역설한다. 이와 함께 조선인 유학생들을 가려서 여
비와 장학금을 지급하기도 했다. 같은 해 박제순이 총리대신
서리가 되면서 외무대신 직을 제안받았지만 거절했고, 한일합
병(1910년) 이후 내려진 남작 지위도 거절했으며 총독부의 협
력 요청 역시 거절한다. YMCA에 가담한 후 안창호의 제의로

   생활공부와 현명한 관념론의 길

대성학교 교장으로 다시 초빙되었고, 신앙 활동에 전념하던 중 YMCA 이사와 부회장, 세계주일학교 한국지회 회장 등으로 일했다. 이후 이상재와 함께 기독교청년회를 지도하며 선교 사업과 개척교회 활동을 지원한다. 1910년 4월, 캐롤라이나 학당이 배화학당으로 개편되자 여성의 교육 계몽을 주장하며 공식 후원자가 되기도 했다. 1911년의 105인 사건 당시 최고 주모자의 한 명으로 체포된 좌옹은 가혹한 고문 끝에 3년의 옥고를 치른다. 수감 초기에는 전향을 거부했고, 부친으로부터 승계한 자작子爵 작위를 박탈당했으며, 1914년에는 천황 명의로 하사된 목배木杯도 거절했다. 그러나 1915년 특사로 출감하면서 마침내 그는 전향을 선언한다. 만 50세가 되던 때였다. 3·1 운동의 실패 이후 그는 교육 사업과 장학금 지급, 학교, 보육단체에 기탁금 지급과 봉사 및 강연 활동을 다녔다. 1921년 1월에는 이상재, 이승훈, 김성수, 송진우, 오세창 등과 함께 조선민립대학 설립기성준비회를 발족시켰고, 1923년에는 경성 YMCA를 통한 야구단의 교류 중에 하와이의 이승만에게 독립 자금을 보내기도 했다.

1926년 7월에는 광주에서 벌어진 6·10 만세 운동의 배후로 지목되어 조사받았고, 1927년에는 신간회 결성에도 참여했다. 1931년에도 조선총독부는 중추원 의원직을 제의하며 회유했지만 거절한다. 1931년, 그는 전라북도 진안군에 있는 자신의 사유지를 부귀초등학교 건립 부지로 기증하고, 부귀소학교

건립 기금으로 2000원을 내놓았다. (그의 업적을 기리며 주민들과 부귀 면장이 1931년에 영세불망비를 세웠지만, 2009년 7월, 민족문제연구소에 의해 강제 철거되어 박물관으로 옮겨졌다.) 1931년 5월에는 충무공유적보존회가 결성되는데 좌옹은 위원장으로 활약하면서 전국적인 모금 운동을 벌여 당시 충무공 사당의 위토位土가 왜인 투기꾼에게 넘어갈 위험을 막아내기도 했다. 1933년 아산 음봉보통학교의 부지를 위해 자신의 땅을 기증했고, 이화여자전문학교 후원회에 참여하기도 했다. 그 외에도 좌옹은 숙명여자전문학교, 배재고등보통학교와 연희전문학교, 세브란스의학전문학교 등에도 기탁금을 헌납하고 재단을 후견했으며, 1934년에는 근화학원 재단이사로 위촉되었다.

좌옹은 중일전쟁(1931) 이후 일제의 압박과 회유에 조금씩 무너지면서 그들의 선전선동에 개입하게 되었고, 마침내 1941년에는 창씨개명까지 하게 된다. 당대를 살아보지 못한 때늦은 민족주의자들의 판단에 그의 친일은 변절이고, 그의 계몽운동은 나약한 민족사관에 따른 현실 유지책이며, 임종 직전에야 남긴 경계의 말('모든 친일파와 민족 반역자는 삼가라')조차 일견 실속 없는 자기변명처럼 들리기도 한다. 좌옹은 당대 최고의 근대주의자이며 조선인으로서는 거의 최초로 세계인의 위치에까지 올랐지만 그의 엘리트주의적 입장은 동포 조선인들의 가능성을 낮게 보아 내심 부끄럽게 여겼고, 자신만의 자원과 재능을 활용해서 교육과 자선 활동에 지침이 없었지만 결국 식

          생활공부와 현명한 관념론의 길

민지 후반의 엄혹한 시대 아래에서 응속불혼應俗不混의 자리를 지키지는 못했다. 계몽과 실력 양성에 치중했던 좌옹의 생각은 그의 지기였던 도산 안창호의 입장이나 그의 제자뻘이던 춘원과 닮은 점이 적지 않다. 그러나 (훗날의 뼈저린 후회가 있었지만) 그는 도산이나 서재필과 달리 국내에 남기로 결정한 탓에 개인의 양심과 민족 정기를 동시에 훼절毁節하게 되었고, 필경 그와 같은 인물에게 여운형이나 안재홍, 혹은 박헌영이나 이재유李載裕(1901~1944)와 같은 국내파 운동가의 삶을 본받으라고 다그치기도 어렵다.

혹자는 좌옹 윤치호의 마인드세트를 일러 '민족허무주의'(양현혜)니 '민족패배주의'(유영렬)니 하는 식으로 정리한다. '정리' 하고 분류하자면 이런 개념들에 의지하는 게 편리할 법하다. 비코나 하만 등이 인간의 사고가 그 근본에서 상징적symbolish 이라는 점을 밝힌 이래 평가와 판단에서 요구되는 자의적 단순화는 사고와 언어라는 분절적 사태를 겪는 이상 영영 피할 수 없는 요건임을 무시할 도리는 없다. 그러나 이 단순화는 애국이니 변절이니 하는 이데올로기적 구분을 거치고 특히 사람에게 적용되는 과정에서 일종의 쇠우리가 된다. 사람을 고르게 품평하는 일은 언제나 쉽지 않지만, 그 누구라도 쇠우리의 잣대의 희생물이 되게 해서는 곤란하다. 특히 좌옹처럼 왜곡된 긴 세월을 다양하고 모순적인 활동의 주체가 되어 살아간 인물을 역사적으로 평가할 때에는 그 다면성과 중층성에 최대한 유의하고 종교, 혹은 정치적 이데올로기나 파당적 분류에 의해 길고 굵은 선을 긋지 않도록 조심해야 한다.

    생활공부와 현명한 관념론의 길

5. 미래의 거인들

구국의 영웅들, 열사와 열녀들, 대의와 지조의 주체인 지사들, 심지어 앙가주망engagement의 리더인 지식인들조차 희유해지거나 이미 폐물이 되고 말았다. 인간은 어느 때보다 영리하고 합리적인 동물이 되었지만, 역시 어느 때보다 더 시시한 에고로 살아가고 있는 듯하다. 평등이 새로운 이념이 된 지 이미 한 세기가 넘었고, 빅데이터를 기반으로 삼는 집단지성이나 탈인간주의의 전망 아래 움트는 인공지능AI의 위력이 커져가는 사이 개인들은 개인주의의 끄트머리에서 소비 욕망의 단말기처럼 사적 욕망의 회집과 분출과 유통에 최적화되었다. 사람은 긴 세월 가축화, 실내화, 개인화, 유물론화, 상업주의화, 자본주의화되었고, 이윽고 소비자의 일종으로 자신의 허영과 변덕을 애써 채워나가고 있다. 인격적 숭고함을 보였던 거인들은 더 이상 없다. 거인들을 대신하고 있는 각종 전문가들은 그 전문성을 자신의 존재와 결합시키는 방식을 아득히 잊어버렸다. 새로운 '공부'가 필요할 테지만 이 역시 폐물이 되고 있다. 거인을, 혹은 '사람'을 찾을 수 없다면 인문학은 고고학으로 남을 것인가. 사람다운 사람마저 찾기 어려운 시절이 오면 거인들은 화석으로만 발견되고 추억될 것인가. '정신은 자란다'라는 전제가 자기완성과 구제의 공부를 가능케 하는 존재론적 신뢰의 토대라면 미래에서 도래할 기별 속에는 어떤 거인의 자리가 있을 것인가.

생활공부와 현명한 관념론의 길

 생활공부와 현명한 관념론의 길

생활공부와 현명한 관념론의 길

초판인쇄 2026년 4월 8일
초판발행 2026년 4월 15일

지은이 김영민
펴낸이 강성민 이은혜
편집 양나래 심예진
관리 편집보조 김유나 김지우
마케팅 정민호 한민아 이민경 한경화 박진희 황승현 김경언 양지연
브랜딩 함유지 이송이 박민재 김하연 신은서 이준희

펴낸곳 (주)글항아리 | 출판등록 2009년 1월 19일 제406-2009-000002호

주소 경기도 파주시 문발로 214-12, 4층
전자우편 bookpot@hanmail.net
전화번호 031-955-2690(마케팅) 031-941-5161(편집부)

ISBN 979-11-6909-547-1 03100

이 책의 판권은 지은이와 글항아리에 있습니다.
이 책 내용의 전부 또는 일부를 재사용하려면 반드시 양측의 서면 동의를 받아야
합니다.

잘못된 책은 구입하신 서점에서 교환해드립니다.
기타 교환 문의 031-955-2661, 3580

www.geulhangari.com